.物叢書

新装版

鴻池善右衛門

こうのいけ　ぜん　う　え　もん

宮本又次

日本歴史学会編集

吉川弘文館

始祖新六（幸元）の肖像と短冊

嶺早蕨

花ならで先や手折らん
吉野山
こかげにもゆる
嶺の早蕨

直之

鴻池家本家の店構（明治維新前，年代不詳。大阪市，三和銀行本店貨幣資料室架蔵）

明治時代の鴻池の店構え（町角に請願巡査の詰所がある）

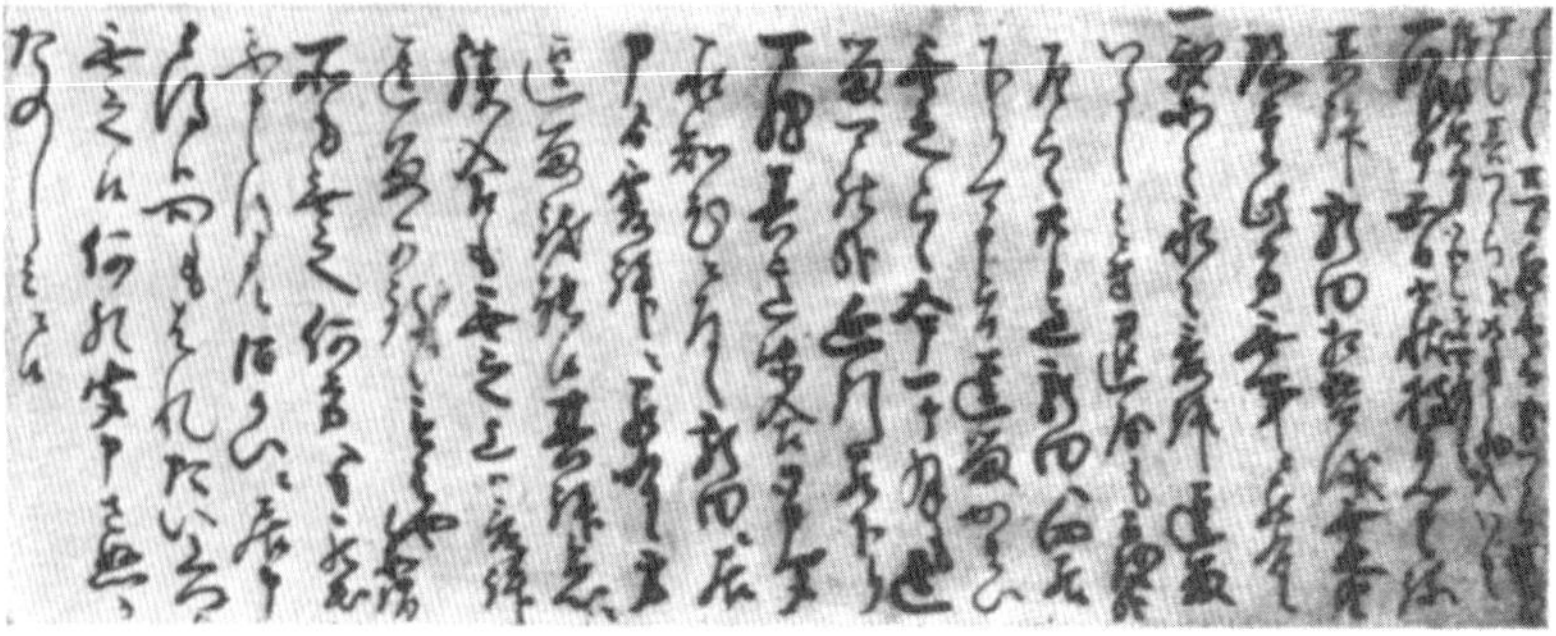

三代宗利（宗誠）の筆蹟
（宗誠居士御文）

猶〻廿一日夜舟ニ而、界（堺）つゝら指下し可申候。其つゝらに入用之物入候者、勝手次第御登せ可有候。

一昨十五日書状、披見申候。彌其許新田相替儀無之由、珍重。此方無事ニ罷有候。

一、我等者永〻爰許逗留いたし候ニ付、退屈も可致哉、左候ハヽ、廿日過新田へ向罷下り可申候間、逗留かまい無之候ハヽ、今一ヶ月も逗留可仕哉。延引罷下り可然、其意味合御申聞、承知尤ニ存候。新田ニ居申ゟ、爰許ニ罷有候方、逗留致能候。其許急ニ談合も無之上ハ、爰許逗留可致候。もはや参詣所も無之、何方へも罷出不申候得共、にかいニ居申候得ハ、心もはれ、たいくつハ無之候。何れ聞申さぬかたのしミニ候。

はしがき

鴻池善右衛門家は大阪における上層町人の代表であり、その目ざましい活動形態はまことに注目に値いする。それは始祖新六にはじまり、初代正成・二代之宗・三代宗利の間に大成し、磐石の基礎をすえたものといえる。まず醸造業より起って、海運業に進み、蔵物の輸送より、町人貸・問屋融通もさることながら、とりわけ大名貸を本務とするに至り、十人両替として、あるいは町人資本の筆頭に位するものとして最も絢爛たる致富をなしとげたのであった。また市街地を獲得・拡張し、更には鴻池新田を開発し、地代蓄積をもなした。いうなれば大阪における商業資本・利貸資本成長の典型だったのである。近世の町人のあり方は個性的なものを没却され、家業・家名に一切が化合している所にあり、鴻池善右衛門という連綿たる家名に寧ろ着目せねばならぬと思うので、鴻池善右衛門という通り名を中心として、その一家・一門・一統を広く包括的に取扱うことにし、四代以後の豪福としての守成の態様にも解き及んだが、これは代々の特定の一個人の功績として見るべきでないと考えるからであった。しかしやはりその焦点は始祖の新六と三代宗利におくことにした。また明治以後における、由緒深き同家の、苦悩多き存在形態についてもやや詳しく説明し、三井や住友のありようとも比較しつつ、その性格と運命とを浮彫にしておいた。

鴻池家に関する従来の研究は必ずしも進んでいるとはいいがたい。三井・住友その他にくらべると、概説的にその歴史を説いたものは皆無といってもよいであろう。立ち入った調査研究は今後の精進に期待してほしいが、このくらいのことでもいまの所では大いに参考にはなるとひそかに自負している次第である。

昭和三十三年五月十日

宮本又次

目次

口絵

挿図

第一　鴻池家の遠祖山中鹿之介幸盛

鴻池の遠祖

鴻池(こうのいけ)家は、戦国時代山陰地方に蟠居(ばんきょ)して、出雲(いずも)・隠岐(おき)（ともに島根県）・伯耆(ほうき)（鳥取県）三国を領し、一時は勢力隆々として毛利氏と覇を争った尼子氏の家臣山中鹿之介幸盛(やまなかしかのすけゆきもり)を遠祖としている。

系　図

いまその系図に徴すると、山中氏は近江源氏であって、宇多天皇の第八皇子敦実(あつざね)親王より出ている。即ち親王の子雅信が源姓を賜わって臣籍に列せられた。三代を経て、経方に至り、近江佐々木の庄に住したので、近江源氏と称せられた。

京極氏

その後二代を経て佐々木太郎定綱及びその子信綱に至り、六角・京極の二家となり、京極家二代目満信の子宗満（前名宗清）の時、さらに京極家より分れて、嘉元元年

黒田氏

（一三〇三）近江の国（滋賀県）伊香(いか)郡黒田村に住したので、黒田氏と称した。

宗満の子宗信の代は建武中興前後に相当し、宗信は播磨(兵庫県)の守護職赤松則村(のりむら)の麾下(きか)に参じ、則村の弟にして播磨国加茂郡慶雲城主たる別所(べっしょ)敦光に属したが、敦光は興国二年(北朝暦応四年)(一三四一)同国多可郡比延(ひえ)の北の嶺に黒田城を築いて、宗信をしてこれによらしめた。これが播州黒田氏の祖である。

山中貞幸

宗信より三代を経て、治宗の三子貞幸(前名宗幸)は、山中弾三郎と名乗って出雲に赴き、当時旭日昇天の勢いであった尼子経久に仕えた。

尼子氏

尼子氏は宇多源氏の出で、出雲・隠岐の守護京極高秀の子高久が近江の国犬上郡尼子の庄を領し、同姓を称したのに始まる。その子持久は出雲の守護代となり、持久の子清定は応仁の乱に従軍して功があったが、ついで経久に及び、勢力頓(とみ)に振い、出雲・隠岐・伯耆の三国を領するの外、安芸・備後(ともに広島県)・美作(みまさか)(岡山県)をも、その掌中に収めようとするに至った。

山中久幸

貞幸は出雲の国白鹿(しらが)城に住し、武勇の誉れが高かったが、その子久幸は経久の歿後孫晴久に仕え、天文十三年（一五四四）八月、父貞幸に先んじて歿した。

毛利氏

そもそも尼子氏は出雲にあって年来大内氏の敵であったが、毛利元就が大内氏に代って中国に覇をとなえるような勢力を持つようになると、これと衝突するに至ったのは自然の勢いであった。そしてその衝突地となったのは両氏の根拠地たる出雲と芸・備の間に介在している石見（島根県）の地で、特に毛利元就が新興の勢いに乗じて兵を防・長に出し、大内義長と相争うに及び、尼子晴久・義久父子がその虚に乗じて石見にいで、その背後を衝こうとしたので、両氏は石見を中心として相争うに至ったのである。あるいはいう、大内・毛利・尼子の争いは石見銀山をめぐる争奪戦であったと。

石見の地

永禄元年（一五五八）二月元就の子元春（次子）は尼子氏の将本庄越中守常光・小笠原弾正少弼長雄等と安芸の国境に近い石見出羽に戦ってこれを破り、ついで元就は子隆元（嫡子）及び隆景（三子）と共に元春と合して、長雄を温湯城に囲み、大いに功を奏したが、七月尼子氏の援軍と忍原に戦って敗れ、ここに元就の軍は一頓挫を来した。八月尼子氏は戦捷に乗じ、石見邇摩（にま）郡の銀山に出で、東に同郡山吹・佐渡等の城を攻めようとした。毛利氏の軍は戦ってこれを破り、小笠原長雄は敵せずして遂に温湯城を致して降を請うに至った。毛利氏はますます勢いを得、降将長雄を将とし山吹城を陥れて、本庄常光を降し、着々として出雲の経営をなすに至った。よって同三年、元就は更に嫡子隆元及び次子吉川（きっかわ）元春・三子小早川隆景等を率いて出雲に入り、高瀬城主米原綱寛（よねばらつなひろ）を降し、出雲の諸氏は風を望んで来り属するの有様であった。

このように毛利氏は尼子氏に対しては着々功を奏したが、大内義長の滅亡にからまる豊後（大分県）の大友義鎮（よししげ）（宗麟）との関係は決して円満なるを得なかった。特に元就の雲・伯経営はその背後にあたる大友氏のまさに乗ずべき好機会であった。

すなわち大内氏の後は、大友義鎮の弟義長が継いだが、厳島の戦に自刃したので、毛利氏と大友氏との間は不和に陥り、豊前（大分県と福岡県に分属）の国人多く毛利氏に応じ、義鎮は永禄二年（一五五九）九月の頃から兵を豊前の門司城に出して攻めている。

しかし毛利氏としては大友氏と事をかまえ、腹背に敵をうけることは堪え得る所ではなかった。そこで元就は永禄二年の頃から尼子氏との講和を欲して、将軍足利義輝の周旋を望んだようである。

しかし一方元就は、内心大いに講和を欲しつつも、陽にこれを欲せざる態度を示した。特に永禄三年十二月尼子晴久が卒して、子の義久が嗣ぐと、尼子氏の勢力はもはや昔日の如くでなく、毛利氏の態度は自ら強硬となり、講和の成立は容易でなかったようだ。ここにおいて将軍足利義輝は更に永禄四年正月、聖護院道増を下して、毛利・尼子二氏の和議を謀らしめたけれども、元就は遂に応ぜず、道増も空しく帰らざるを得なかったという。

山中鹿之介幸盛は、上記の山中久幸の次男として生れ、幼名を甚次郎と称した。

足利義輝

山中幸盛

彼の事蹟は人口に噲炙するところであるが、幼にして父に死別し、母親一人の手で育ったが、腕力が衆に勝れ、武技に出精し、十六歳の時には前記の尼子義久に従って伯耆に出征して、山名氏の居城尾高城を攻め、その家来で剛力無双の聞えのあった菊地音八を討取って勇名を馳せた。

三日月崇拝

それ以来三日月を崇拝し、真夜中に三日月を仰いで、願わくは我をして七難八苦にあわしめ給えと祈り、折柄衰運に向いつつあった主家尼子氏のために百折不撓、万難を排してその挽回に努めた。すなわち幸盛は長ずるに及び、尼子義久・倫久兄弟を奉じて、幾度か毛利勢と戦い、屢々敵をなやましたのであった。

　毛利氏は尼子の本拠富田（島根県能義郡広瀬町）を去ること僅か数里の出雲洗骸崎に城を築き、中海の大根島をも占領して、まさに富田城を陥れようとしたが、永禄六年八月隆元が卒した。しかし出雲経営の手を弛めることなく、元就は自ら諸軍を励まして

白鹿城

白鹿城（八束郡）を攻めて、これを陥れることが隆元の追善供養であるとした。

月山城

尼子義久

尼子方では倫久が、亀井・立原の部将を率いて白鹿城を援けた。しかして城は要害堅固で容易に落ちなかったから、毛利氏においては石見の銀山から掘子数百人を招いて穴を掘らせて攻撃した。これに対し城中にあってもまた横穴を掘ってこれを防ぎ、両方が穴の中において行逢い、戦を交える有様であった。このように攻防長きにわたり、糧食運輸の途も絶え、富田城中は漸く糧食の欠乏を来たし、毛利氏は雲・伯の境なる弓ヶ浜を防いで糧道をたったので、白鹿城は遂に敵せず、冬に至って降を請うた。これより元就は全力を盡して月山（つきやま）城を攻めることになった。しかし城は天嶮に拠り堅く守って屈せず、寄手も長陣に倦むの色があり、且つその間如何なる変異が起るかも測り難かったから、元就も一時は、一旦退陣して再挙を講じようとしたくらいである。しかし部将三刀屋（みとや）城主宍戸（ししど）隆家の議によって依然攻撃続行に決し、尼子刑部少輔（ぎょうぶのしょう）・同式部少輔を引き入れ、且つ謀をもって義久を欺き、その老臣を殺させたから、城中に義久にそむいて元就に応ずるものが少なくなく、海路兵粮を因・伯二国に求めようとすると、毛利氏の軍船がこれを弓ヶ浜に扼(やく)した。このようにして意の如くならず、城中頗る窮乏に陥った。ここにおいて永禄九年(一五六六)十一月、義久は城を致して降を請い、元就は義久並びにその弟倫久・秀久を安芸に移した。

このようにして曾祖父経久以来山陰に雄視した尼子氏は、ここに全く毛利氏に併せられたのである。

この時山中幸盛は、立原久綱等と共に追放せられて、流浪の身となったが、その目ざす所は京都に上り、縁をもとめて主家の再興を謀るにあった。

さて傍系の尼子国久は晴久の叔父に当り、文武の勇将で、その子孫繁栄して新宮党と称せられた。党をたのんでやや驕傲(きょうごう)の行いがあったが、やがて讒奸(ざんかん)が行われ、国久が元就に通ずると訴えるものがあったので、天文二十三年(一五五四)晴久に殺され、子誠久もまた歿した。この時誠久の季子孫四郎勝久は生れてわずかに二歳であったが、侍者に懐かれて備後にのがれ、ついで京都東福寺に入って僧となった。勝久は人となり勇悍で、ひそかに武技を修めて戒業をこととしなかったが、いまや山中幸盛と立原久綱に擁せられて但馬におもむき、垣屋播磨守に頼った。播磨守は海賊船をつのってこれを隠岐に入れたが、島主隠岐為清は尼子氏の同族であるから当然に悦服した。こうして永禄十二年六月出雲に入り、備前(岡山県)の宇喜多直家に通じ、また遙かに大友氏と結んで毛利氏に抗し、月山城を攻めた。城将天野隆重はかたくまもって屈しなかったが、尼子氏の勢いが漸く石見・出雲の間に加わるによって、元就は元亀元年(一五七〇)正月、孫の輝元並びに子元春・隆景等を遣わしてこれを救わしめ、出雲の布部山で大いに幸盛をやぶり、且つ所在に勝久の軍を破った。しかし元就は翌二年六月安芸吉田において病歿し、輝元・隆景は吉田に還ったが、元春は独り出雲の高瀬にとどまっていた。伯耆大山寺の衆徒教悟院が勝久に応じ、山中幸盛は伯耆の末石にあって大山と呼応し、山陰を扼していたからである。元春は大山を撃つと揚言して、急に幸盛を末石城に囲んだ。幸盛は事が急で、にわかに出でて防ぐことが出来ず、降を請い、監視が厳重であったが、痢病と称して警護を緩めしめ、厠の樋をくぐって脱走し、大山の麓を経て美作に赴いた。元春は更に進んで勝久を新山に攻めてこれを隠岐に走らしめ、雲・伯また事なきを得た。のち勝久・幸盛相ついで京都に走り、更に再挙をはかったのである。

勝久・幸盛の行動

勝久・幸盛は天正元年(一五七三)再び但馬に下り、山名豊国に頼って出雲に入ろうとし、因幡に入り所在を掠めた。こうして勝久は鳥取城を保ったが、豊国は後難を懼れて吉川元春に通じ、勝久は逃れて若桜鬼ヶ城(因幡)に拠った。そこで元春等の攻撃にあい、支えることができず、勝久は幸盛と共に但馬に奔り、ついで再び京都に上り、織田信長に投じた。

当時はあたかも前将軍足利義昭が信長に逐われて毛利氏と結び、もって共に信長を謀ろうとしていた際であったから、勝久・幸盛はこの機会に乗じて、信長の力をかりて多年の目的たる尼子氏の再興をはかろうと企てたものである。信長にとってもいわゆる窮鳥懐(ふところ)に入れるもので、これをあわれんだものであろう。

信長の中国征伐

信長は中国征伐を行うにあたり、羽柴秀吉を選んでこれに当らしめた。秀吉はそこで尼子勝久・山中幸盛を従えて天正五年（一五七七）十月播磨に赴き、黒田孝高(よしたか)の迎えをうけて、姫路城に入って本拠とした。ついで宇喜多直家の属城上月(こうずき)城を攻めてこれを陥れ、尼子勝久をしてこれを守らしめた。

上月城

しかし宇喜多直家はその恢復をはかり、吉川元春・小早川隆景に訴えてその援けを得て怨みを報じようとし、元春・隆景とともに上月城を攻めた。

三木城

秀吉は上月城を救援しようとしたが、意の如くならず、上月城よりもまず三木(みき)城（兵庫県三木市）を降すことを急務とした。客将たる尼子氏の上月城を失うも、まず三木城を陥れて東播地方を平定することが大局の上からまことに有利であったのみならず、たとえ西播の上月城を援け得ても、三木城を降すのでなければ、秀吉の根拠たる姫路以西は信長との連絡を遮断せられて、すこぶる危殆に瀕するおそれがあったからである。秀吉は小利をすてて大利に就く方針に出たのである。

幸盛の死

果して上月城は唯一の頼みとする秀吉の援軍が退却し、糧食もまた盡きようとしたので降を乞うた。勝久は遂に自殺し、幸盛は降った。元春は安芸に凱旋し、その途中備中の河部川（兄部川）の阿井の渡（高梁川と成羽川との合流点、岡山県高梁市落合町）において幸盛を殺した。つまり幸盛はいつわり降り、元春に近づいてこれを殺そうとしたからだといわれている。ここにおいて尼子氏はまったく滅亡するに至ったのである。幸盛の念願は徹頭徹尾尼子氏を再興して、主恩に酬いんとするにあったが、武運拙なく遂に敵将河村新左衛門のために謀殺されたことは悲惨といってよい。

幸盛の歿年

山中氏の系図は数種に上り、おのおの多少の出入りがあるが、鴻池家に伝わる系図によると幸盛の生年は天文三年（一五三四）であって、その歿したのは天正六年

（一五七八）になっている。享年四十五歳であった。

しかるに世には幸盛の生年を天文十四年（一五四五）とし、三十四歳をもって歿したものとする説がある。これは幸盛が七転八起尼子氏のために再興をはかった忠節に感じ、またその最期のきわめて悲惨であった点に同情するのあまり、彼を一層英気潑剌たる豪傑たらしめんがために、殊更にその年齢を十一歳低下せしめたものかも知れない。

山中幸元

幸盛には二男一女があった。長男が幸元で、次男が幸範であった。

山中新六

幸元は鴻池家の始祖山中新六（のち新右衛門直文とも称す）で、元亀元年（一五七〇）十二月に生れた（あるいは二男といい、孫ともいうが、ここでは長男としておこう）。次男の幸範の事蹟は明らかでなく、一女は尼子氏の家臣亀井茲矩（これのり）に嫁したと伝える。

第二　始祖新六幸元

一　新六幸元のおいたち

鴻池家の始祖新六幸元は、前述の如く山中鹿之介幸盛の子として元亀元年に出生したが、幼時より故あって、大叔父山中信直に養われ、摂津の国(兵庫県)伊丹在鴻池村において成長した。

信直は前名を直幸といい、幸盛の父に当る久幸の庶弟であって、幼名を新蔵と称した。弱冠にして家を辞して諸国を遍歴し、摂津の国伊丹に到り、茨木(大阪府茨木市)の城主中川瀬兵衛清秀と交わり、その推挙によって伊丹在岡の城主荒木摂津守村重に仕えて、その股肱の臣となった。そして村重よりその忠勤を賞せられ、信国

信直

の銘刀と抱鯱紋所の陣幕を授かったので、それ以来その名を信直と改めたという。

鴻池村閑居

然るに永禄の初めに至り、主君村重に奢侈穢行があったので、信直はこれを諫めたがきかれず、遂に致仕して喜楽と号し、近郷鴻池村に閑居して、悠々余生を送り、天正七年(一五七九)五月をもって瞑目した。

幸元と名乗る

新六はこの大叔父の歿後は大叔母に育てられ、つぶさに艱難をなめたという。齢十五歳で元服し、幸元と名乗った。その後深く考える所があって両刀を捨て、商賈として身を立てようと決心し、己れが武士の子孫であることを堅く秘し、その名も新右衛門と改めたという。

新右衛門

この名称はその後長く鴻池村山中本家において世襲せられ、幕末に及んだのである。近世の初頭においては、時勢の推移にかんがみ、武士・神官・僧侶・医師・農民等にして、商人になるものが多かったのである。新六の如きもその一人であろう。

新六の艱難

始祖新六は艱難の中に人となり、中年頃までは家計甚だ豊かでなかった。そのことは次の説話をもってしても伺うことが出来る。

ある年、丹波亀山の某侯の城普請に当った工匠吉右衛門なるものが、鴻池村に来たので、新六は談合の上その許諾を得て工事に参加することになったが、家伝来の血筋を受け、天性兵法に長じていた新六は、実地を見聞するに及び、城が防戦に欠ける所があるのを指摘し、その補強の策を進めたので、城主はこれを多とし、その年の暮に上棟の祝儀が行われた時、多額の恩賞を与えた。新六はこれをもって年始の用度にあてたが、なお足らざるものがあったので、米揚・飯蘿等を恵方棚に代用し、元旦に餅をついて四日の朝始めて雑煮を祝ったという。

恵方棚の由緒

これによって後世の鴻池家ではこの仕来りを重んじ、年頭の嘉例として米揚・飯蘿を恵方棚とすることが累世にわたって行われた。

なおこの事蹟を山中鹿之介のこととする説もある。『浪華百事談』巻三には、「鹿之助或年の暮に、歳旦の雑煮に用る餅をつく事あたはず、有あふ蕪を餅の代りにして、雑煮をたきて祝ひしことも有り。又恵方棚をつらんとするに、それを求る代なくして、竹を以て笊（ざる）をつくりて、恵方だなとせし事も有と口碑（こうひ）に伝へり。この両種、後年山中氏の恒例（こうれい）となり、恵方棚は笊を用ひ、雑煮にかぶらを用るときけり」とある。恵方棚は笊を竹で釣って代りとしたが、これをつくるのは出入りの大工であったらしい。しかもこれを鹿之介とするよりも新六と考える方が自然であり、またもって当時の窮乏の状を察することが出来よう。

二　発祥の地鴻池村

発祥地

始祖新六が家産を起し、後年の鴻池家の基礎を築いたのは、鴻池村において酒造業を初めたことに基因するのである。即ち鴻池村は山中氏一族の発祥地である。いま始祖の事蹟を説くに先だって、鴻池村について一瞥（いちべつ）しておこう。

長尾村大字鴻池

摂津の国鴻池村はもと長尾村大字鴻池と称し、伊丹市の西方約二里のところにある小村である（現在は宝塚市に編入）。

鴻池村の地勢

鴻池村の地勢は南に開けた高台であって、北に満願寺・中山寺等の背山を望み、西に武庫川が南流して、その対岸は武庫山の東麓に接し、東はやや離れて猪名川が南流し、その向うには千里山丘陵が北より南に連なり、大阪市の北端に迫っている。高台の続く低地には西国街道が通じ、古くは京師より西国に至る要路であった。附近には行基菩薩開創四十九院の一なる昆陽寺、同じく行基菩薩の開鑿と伝えられる昆陽池がある。そしてこの辺一帯を汎称して稲野（猪名野）といい、南に遠く大阪湾を望み、景勝の地をなしていた。

昆陽寺

稲野

国府池

鴻池の地名については『摂津志』には、国府池の転じたものと記しているが、これはその説の如く、往昔摂津渡辺にあった国府が一時この地に移されようとしたために生じた名であろう。即ち仁明天皇の天長・承和の頃に移府が行われようとしたことは『続日本後紀』承和十一年冬十月九日の条に左の如く見えているので判る。

戊子（日九）、攝津の國言す。去ぬる天長二年正月廿一日、承和二年十一月廿五日、兩度の勅旨に依りて、河邊郡爲奈野を定めて國府を遷し建つべし。而れども今國弊れ民疲れ、役を發すに堪えず。望み請うらくは、かの曠野に遷るを停め、便ち鴻臚館を以て國府となし、且つ修理を加えん者。勅してこれを聽す。（原漢文）

荒牧

これによって見るも、当時移府の説があったことは事実であるが、国民疲弊して夫役に堪えざるを慮り、中止となったことが判るのである。また現在鴻池村附近に荒牧（新牧の義）等の地名が存しているが、これはこの時新しく国府の設けられようとした名残りを留めるものであろう。

清酒の醸造

このように鴻池村ならびにその附近は、古来史籍の上にその名を知られた由緒の土地であるが、始祖は慶長五年（一六〇〇）に始めて、この村において清酒の醸造を創め、その年邸内に稲荷祠を建て、これを祀った。

鴻池の稲荷祠

それ以来三百有余年を経て、星移り物変って、もとより当年の面影は偲ぶべくもないが、今日なお稲荷祠は存在し、その境内には中井積徳（履軒）撰の稲荷社碑がある。その碑文は次の如くである。

中井履軒撰の碑文

鴻池山中氏之富、以釀興也。慶長五年至今殆二百載、而釀不廢焉。其祖曰幸元。蓋鹿介幸盛氏之孫云。肇造雙白酒而大售。其傳送關以東、初也步擔、次以馬駄。其傍邑池田・伊丹一帶及灘・西宮等、以釀著名者亡慮數百家矣。皆倣慕而起者。今南海之帆、陸續東嚮而馳者、莫不酒之載也。宅後有大池。曰鴻池。是邑所以得名、而浪華諸宗人、又用爲舖號也。始釀之歳、舍後祀稻荷、以鎭宅。及業日興、乃以爲神之福祐也、益處禱祀。幸元諸子今居浪華者三家。厥初亦皆以釀興。皆小宗也。其支派又九家、而僕隷起家者不與焉。今夫浪華鴻池氏之富、甲于天下。亦能知敬宗無失禮也。寶曆癸未之秋大風禍。傍松折壓壞祠。不改作二十載。於是諸宗人相與謀曰、祖之德不忘也、神之祐其可遺乎。請新祠以綏後祿。其費雖微、一人承事其餘爲忘祖乎。乃相與約、後年祠有頹圮者、亦必以斯從事、毋使大宗獨任也。又曰、盍紀諸石乎。今之大宗子、名元長、實爲幸元七世孫。其子元漸從余受業。是歳仲秋、余偶遊北山訪居。主人觴我于池上、奉家牒而請焉。余既甘其酒、而嘉其語也。遂叙而銘之。

忠震世者、其角嶽々。聖賢富家者、其後奕々。天下絶善人後、神豈苟降多福。不然天下多富民、孰如山中氏子孫縄々、芬華赫々者。

浪華　中井積德撰 併 書

ちなみにこの稲荷社碑は幕末に至り、何者かに拉し去られたが、明治年間になって南区八幡筋の骨董舗の店頭に出たので、鴻池家ではこれを買収し、瓦町別邸内の稲荷祠の傍らに建てておいた。それを更に昭和の初めに現位置に建て直したのであるが、戦後はまったく放置され、現在は夏草が勝手放題に生い茂り、子どもたちの遊び場同然のありさまである。地元でもこれを知る人が少なくなり、昔をなつかしむ人たちは一抹の寂しさを味わっている。

三　訛伝の発生

訛伝の発生

ここで少しく弁じておきたいことは、始祖新六幸元は、山中鹿之介幸盛の子として生れ、幼時より大叔父信直に養われ、その隠栖地鴻池村において成長したのであるが、何時の程よりか、始祖が幸盛の孫に当るように訛伝されるに至ったことである。前記鴻池稲荷社祠碑文並びに顕孝庵に存する道円居士（信直の法名）石塔銘文の如きは皆この類である。

幸盛の実子たることを秘す

これは始祖が身を商賈の群に投じて以来、処世上の関係よりして尼子氏の勇将幸盛の実子たることを堅く秘し、子孫にもその遺戒を厳守せしめたことと、幼時より信直の膝下に育ち、その情、恰かも親子の如くであったために何時とはなしに生じた訛伝であった。鴻池家初代正成の養子知貞の筆に成る『家之記』にも、「養父の父は新六、法名一翁宗円。其父は山中喜楽（信直）、法名月秋道円」とのみ記し、遠祖幸盛については一言も及んでいないのである。

また実際において、遠祖幸盛が鴻池家の人々によって祀られたのは、四代宗貞の時代に至り、大徳寺内玉林院にその碑石を建てたのが最初で、この時一代の鴻儒服部元喬（南郭）に嘱して、祖祠記を作らしめたが、これは特別の事情により、碑面に刻むに至らずして終ったものである。

第三　酒造家としての鴻池

一　清酒の醸造と鴻池家の酒造業

始祖新六幸元が摂津の国伊丹在鴻池村において酒造業を開始した年月については、正確なる史料の徴すべきものがない。

清酒醸造の初め

もっとも前掲の中井積徳撰の『鴻池稲荷社祠記』には、清酒醸造の始めをもって慶長五年(一六〇〇)となし、寛政六年(一七九四)鴻池新右衛門(始祖七男元秀の子孫)が大坂町奉行の下問に答えた書には、清酒の江戸積が慶長四年に行われたことを記しているから、当時既にかかる家伝があったので、大体慶長前後と見るのが至当であろう。

酒の淵源

元来和漢共に酒の淵源はきわめて古く、わが国では神代紀の出雲伝説において、

酒屋土倉

素戔嗚命が酒をもって八岐大蛇を酔わしめたことが見えている。応神・仁徳両朝に中国・朝鮮より醸酒工が渡来してより、醸造技術に一進境を来したものの如くである。律令制度の時代には朝廷に造酒司が置かれ、供御に備え、節会等にあたった。造酒司の外に酒戸がおり、朝廷の品部として調・雑徭を免ぜられ、造酒の役に奉仕したものだ。以上は朝廷供御の造酒制度であるが、民間にも酒を造り、これを売るものが早くも現われた。既に顕宗天皇の頃、河内の餌香市では高麗人が美酒を売っていたことが見え、降って奈良朝・平安初期の頃には寺院及び地方豪族にして酒を売るものがあり、中には暴利を貪ったものもあることが『今昔物語』や『日本霊異記』に見える。鎌倉時代には沽酒禁制のことがしばしば行われ、酒壺破却の令が布かれたが、このことは反面営業としての酒屋の勃興を証するものであろう。遙かに下って室町時代に入ると酒屋・土倉の名をもって金融史上に現われて来る。即ち当時酒屋は一般に富裕であったところから、酒造業の傍ら質屋及び金貸業に従事していた。幕府はこれを保護し、その独占的地位を許すと共に、これに酒屋役を課し、もって幕府財政の窮乏を補ったものである。この頃までの酒はまだ濁酒であって、清酒はなかった。

酒屋役

清酒の由来

古来宮中の大典たる大嘗会・新嘗会等に白酒・黒酒が用いられたことは隠れもない事実である。これを白酒は米の酒、黒酒は稗酒だと説く人もあるが、また伊勢貞丈の雑記などには、白酒は即ち澄酒ならんと記しておる。『守貞漫稿』には、「酒は古より清濁あり、清酒を諸白と謂う」と説いているが、諸白の名が生じたのはやはり近世のことで、いわゆる清酒の中の醇良なるものを指したらしいのである。

一献二献三献

昔の宴会は一献・二献・三献と酒を重ねた。それで女房言葉にも酒のことを「おこん」といっている。しかも今日のようにおチョクを重ねたのではなく、濁酒を平たい盃でのんだのである。そして一献毎に膳立てを改めたのである。一献で一の膳を食べて膳をひき、改めて二の膳を出して二献に及んだ。幾盃も重ね七の膳・八の膳に及んだことはいうまでもないが、やがて『式三献』という儀式の定型が出来る。一献毎に「ソビ・ソビ・サビ」と、初め二回は少しずつ酒をついで、三回目に「ザァッ」と盃に満たすことになった。つまり一献は三回につぐことになり、これが結婚式にも用いられて、式三献から「三々九度の盃」に進展したと思われる。

式三献

三々九度の盃

こうした慣習はすべて濁酒の上に立っていたもので、清酒の発見は実に鴻池家の始祖幸元に始まると伝えられるのである。

生諸白

即ち前記の寛政六年(一七九四)の鴻池新右衛門の答書には、「往古は世上濁酒片白に御座候処、私先祖澄酒を造り初め、是を生諸白(きもろはく)と申候」と記している。

摂陽落穂集のいわれ

どぶ六

また『摂陽落穂集』には次のような説話をのせている。

往古は今の如き清くすみたる酒にてはあらず。皆にごり酒にして今のどぶ六と唱へる是なり。或時鴻池山中酒屋に召遣ひの下男、根性あしき者にて、主人に何がな腹いせして帰らんと、あたりを見廻すほどに、裏口に灰桶のありしを見付け、家内の見ざるやうに土藏に持ち行き、桶なる灰を酒桶に投込み、心地よげに獨笑して、空さぬ顔に立歸りける。扨て主人初め家内の者、か丶ることは露しらざりしが、右の酒桶の酒を汲み出さんとひしやくにて汲み上げ見るに、こは如何に、きのふまでのにごり酒、忽ち清くすみ渡りたるは不思議なりし。是を一口呑むで見るに、香味を亦至つて宜しく成りたるは如何なることならんと、よく〱見るに、桶の底に何やらん溜りたる物あり。やがて酒を汲み出し考ふに、是は灰の桶へ入りたるなり。濁れる酒のきよくすみて、自然と香味も宜しく成りたる也と心得たり。さは去りながら、何人のか丶る事を傳へしやらんと思ひ廻らし思ひ出したるは、扨は今日立歸りたる下男が、灰汁(あく)桶(おけ)をなげ込み置たるより、か丶ることこそ出來たり。是れかれをして天より家にをしへ給ふ成るべしと、天を拜しいさむは道理也。穴かしこ、此の奥義をば人に沙汰をばいたすなと、家内の者を堅く制し、夫よりにごり酒にすまし灰を入れ、清くすみ渡りたる上酒とし賣初めたりしかば、諸人不思議の思をなし、次第と商賣繁昌し、後世富家の第一となりたるも、いはれは斯くと知られけり。

その他時代に多少の相違はあるが、『摂陽群談』『山海名産図会(ずえ)』『夢の代(しろ)』『嬉(き)遊(ゆう)笑覧』『筠庭(きんてい)雑録』『北窓瑣談(さだん)』『浪花の風』『修斉近鑑』『鴻池先祖一代記』『釀造由来記』『伊丹酒造記』『傍廂（かたびさし）』等の諸書にも同様の記事があり、清酒の起源を近世にありとし、その多くは前記の説話と同様のことを挙げている。

即ち『山海名産図会』によると、「酒を絞りて清酒とせしは纔（わず）かに百卅年以来の事にて、其前は唯だ飯蘿（めししたみ）を以て漉（こ）したるのみなり」と記し、『北窓瑣談』によれば、「酒の今の如く清酒になりしは纔に百四五十年このかたの事とぞ。今にても西国の偏地は皆濁酒なり。唐土等も濁酒多しと聞ゆ。殊に日本は米穀万国に勝れて精実なれば酒は一しほに味厚く、酔ふ事も甚だしと云ふ」とある。『山海名産図会』は寛政十年の著作で、『北窓瑣談』は文政八年の著である。『山海名産図会』のできた寛政十年より百三十年前は寛文三年（一六六三）に当り、文政八年『北窓瑣談』のに百四－五十年とあるから、仮りに百五十年を加算すると寛文十年に当り、その間わずか七年の差である。『筠庭雑錄』によると、

むかしはみな濁酒にて清酒なし。漢人の詩に浮白などいふも是にて、彼處にも清酒はすく

なき也。霞は曰傍氣と註せる文字にて、朧（おぼろげ）なることにはあらず。朝夕の紅雲也。古來霞と訓めるは誤なる事今更いふまでもなし。かすみとは明らかならぬにて、水の濁りて底徹ならざるを今もかすむといへり。濁酒といふも是れなり。

とある。なお『夢の代（しろ）』には、

古は濁酒を始め薄き酒にて大害もなかりしに、近年だん〳〵醇酒を造り出し、その美、古今に絶越し、その害も甚だ多し。日本に清酒を造ること三百年計りの由なり。今にても諸國の酒うすし。伊丹・池田の醇酒は言語にも述がたし。

とある。また『嬉遊笑覧』には、「酒の今の如く清酒になりしは、一百年以来の事となん。今も辺地には濁酒を用ふ。唐国なども、濁酒多しと聞ゆ」とある。

清酒はいつから

勿論同じく清酒の醸造を近世とするにしても、学者間に種々なる異論があったのである。あるいは中世既に清酒があったといい、また灰の投入についても、これよりも先に、豊臣秀吉が天野山金剛寺に令し、酒にあくを入れることを禁じた

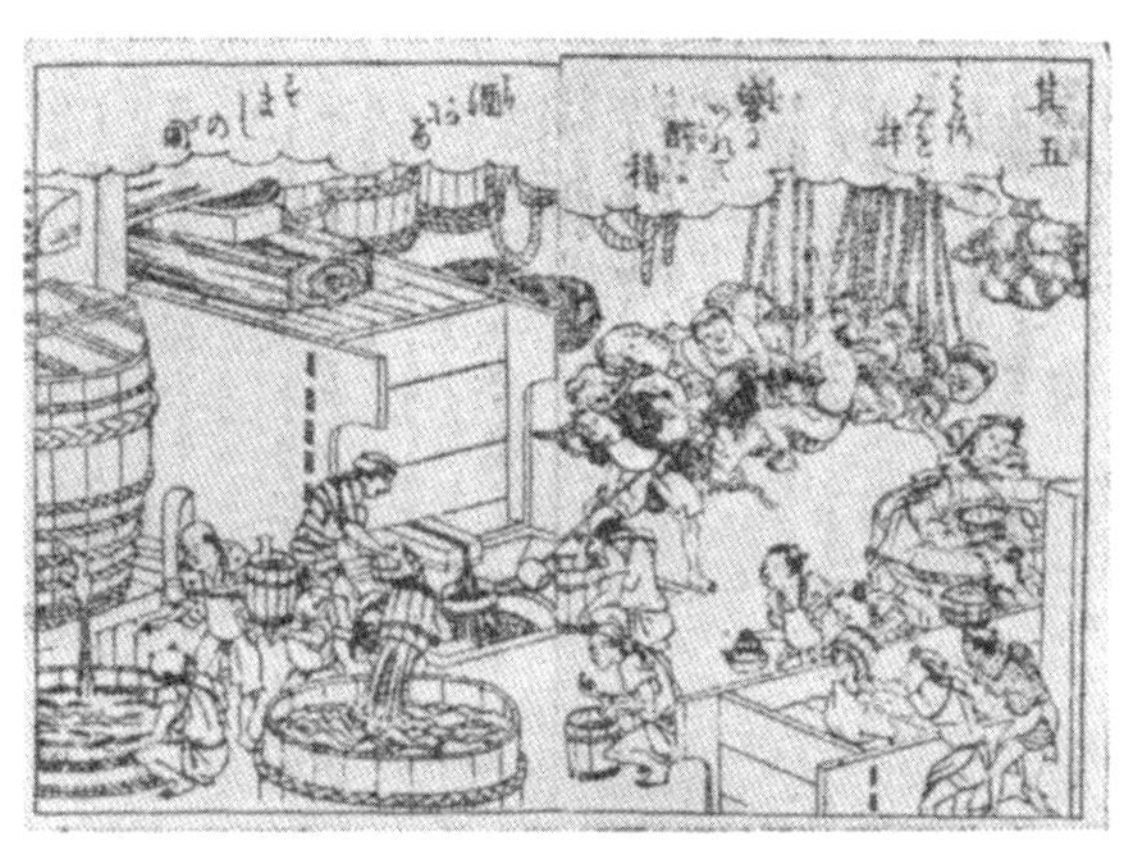

酒すましの図（山海名産図会）

ことなどをあげている。また鴻池家の先祖が清酒を発見するに至った動機を、主家に恨みある下男がその報復手段として酒桶に灰を投じたことに帰するのは余りにも小説的技巧を弄し、潤色にすぎた嫌いがある。しかしそれはともかくとして、このような説話が相当に広く流布されていたことは、以上の如く多数の書物に記載されていることによっても想像されるのである。

二　清酒の江戸積

良酒の生産

摂津の国伊丹(いたみ)の地は、古来池田と共に濁酒の盛んに醸造されたところであるが、始祖新六も伊丹と程遠からぬ鴻池村に住んでいたために、自然同地方の名産たる酒の醸造を思い立ち、鴻池屋と称し、忠実に家業に励み、酒の製法についても種種苦心して改良に努めた。その結果、遂に清澄にして芳醇(ほうじゅん)なる良酒を造ることに成功し、その名を近隣にとどろかせるに至ったのである。

山中酒屋

だから『摂陽落穂集』にも、「河辺郡鴻池村に造れる酒は、香味宜敷事他に勝れたり。依つて酒を商ふ家其名を借りて売る也。世俗山中酒屋と唱ふ」とあるくらいである。良酒の評判が次第に高く、後には他の同業者がその酒の商標を借りて、自家醸造の酒を商(あきな)うまでになったのである。

鴻池屋の家伝によると、始祖が清酒の江戸積を始めたのは慶長四年(一五九九)のことで、前掲の新右衛門の答書によると、

私酒造の儀は御江戸へ積下之元祖にて、(中略)即ち慶長四年より江戸表へ陸地を人馬を以

一樽は片馬

て下し申候。右由緒を以て一樽(たる)を片馬と申候儀に御座候。于今(いまに)樽印鴻池焼印、併慶長始造納と申候焼印にて積下し申候。

と見え、鴻池屋が陸路による清酒江戸積の濫觴(らんしょう)であることを語っている。

満願寺と猪名寺と鴻池

当時鴻池屋に相次いで池田の満願寺屋、伊丹の猪名寺（稲寺）屋等の酒も江戸に輸送されたのであるが、中でも鴻池屋の酒が最も賞翫(しょうがん)されたことは『摂陽続落穂集』にも、

伊丹・池田の造り酒は諸白といふ。元來水のわざにや、造り上たる時は、酒の氣甚だからく、鼻をはじき、何とやらんにがみあるやうなれども、遙かの海路を經て江戸に下れば、満願寺は甘く、稲寺には氣あり、鴻池こそは甘からず辛からずとなして、其の下りしまゝの樽より呑て格別あることを賞翫す。

山中勝庵

とあるので、推察される。しかしながら前掲諸書のごとく、清酒の発祥の地を川辺郡長尾村の鴻池となし、清酒発明者もまた鴻池屋の山中勝庵となすことは、奇蹟的説話であって、柏原永次著の『落穂集考』（延享三年版）によるも、鴻池の地は寛永

以後の発達の地であって、池田郷における醸造の古きに比すべくもなかったと考えられる。池田郷の造酒は往古御酒寮の寄人が来って満願寺屋九郎右衛門の祖先に伝授したのにはじまり、満願寺屋は川辺郡満願寺村より応仁年間に池田に移って酒造業を始めたという。『摂陽落穂集』には、「東武将軍家御前酒は、満願寺屋九郎右衛門より送り出せるなり。熊野田村の米を以て元米とし、水を清め道具を改め造り出せるなり。江戸表にて満願寺と呼ぶ酒之なり」とある。室町の末応仁年代、天文・弘治の頃から池田では酒造業をなし、慶長十九年家康が闇峠に陣した時には池田郷より軍資金と酒を献じたと伝え、そのため池田郷に朱印受領があったという。満願寺の養命酒と伝える。江戸送りもまず鴻池屋が始めて、池田の満願寺屋、伊丹の猪名寺屋が相次いで行ったという伝説にも疑いがある。或いは池田・伊丹の方が早かったかも知れぬ節があるが、通説によると江戸送りは、矢張り鴻池の始祖新六幸元の創始であるとなっている。それほどに彼の努力が大

池田郷の造酒

満願寺の養命酒

であったためであろう。池田・伊丹清酒の声価が上ったので、その販路を漸次に拡張し、遂に江戸送りにまで発展したのである。それより新六は東海道をしばしば往復した。当時江戸は開府早々のこととて一箇の新開地にすぎず、上方に比して文化の程度は低く、酒の如きも在来の粗酒のみで、未だ鴻池屋の如き美酒はなかったのである。従って江戸積の酒は頗る市中の人気に投じ、忽ちの内に飛ぶように売れて、少量の荷駄だけでは間に合わず、遂には大坂より江戸まで海路船積によることになったのである。

海路船積

新六が始めて江戸送りをした時、その駄送りには始めは二斗入りの樽（たる）を使用したが、種々実験の結果四斗を一樽とし、二樽を馬一駄として江戸積送りを始めた。そして一樽だけを片馬と称した。また酒価を定めるのに十駄何両と称するもとになった。この間の事情については『嬉遊笑覧』（巻十上）に次の如くある。

二樽で馬一駄

片馬

昔は江戸に多く酒を造りて、下り酒はなかりし。「事跡合考」に南川語つて云く、津の

勝屋三郎右衛門

國鴻池の酒屋勝屋三郎右衛門といふ者、酒二斗づゝ入る桶二つを一荷として、其上に草鞋(わらじ)數足置きたるを擔ひて江戸に下り、大名の家々に至りて、一升を錢二百文宛に賣たり。其頃いまだ麁酒(そしゅ)のみにて、これが酒の如き美酒なき故うばひとりがちに賣りはやらかし、頻に上下して夥しく利を得たり。其頃は米は下直(したね)也、木錢は十二文ほどしたる故、鴻池より一上下、錢三百五六十文にて仕廻りたり。肩の上ばかりにてはかゆかざる故、その一荷四斗の酒を一樽として、二樽を馬一駄として、數十駄づゝ持下りて勝屋賣りたり。依之(これにより)、末代に至りて酒の價を極める時、十駄金子何十兩と立つるもの、廿樽酒八石の積りなり。逐(ちく)日(じつ)酒うれる故、馬の背にても及びがたく、終(つい)に東海を何十萬樽と云ふに至りて、船につみ入津する事、今日盛りなりと云へり。此れ何時頃のことにか。江戸鹿子(かのこ)に、下り酒や、中橋廣小路、呉服町一丁目・二丁目、せと物町一丁目と見えたり。

とあり、また『修斉近鑑』にも、

鴻池勝庵

津の國鴻池勝庵といふもの、酒二斗ばかり入る樽二つを一荷として、その上に草履數足をおき、樽を擔ひて江戸に下り、大名の家に至り、一升を錢三百文宛に賣たり。其頃はいまだ粗酒のみにて、かつて彼ものゝ持來るごとき美酒なき故に、うばい取りがちに賣りはやしたるにより、しきりに上り下りして夥しく利潤を得たり。

尤もその頃は米は下直なり、木錢は十二文ほどしたるゆへ、鴻池の地より江戸への一上下は錢三百五十文にて、仕込の酒は、此の大名に二升、あの大名に三升といふ。かぎりなき事にて、肩の上ばかりにては、はかゆかざるゆゑ、その一荷四斗の酒を一樽として、二樽を一駄とし、數十駄づゝもち下りて賣りたり。依つて末代に至り、酒の價を極めるとき、十駄何十両と立てるは右のつもりなり。

鴻池銘酒の名声

とある。年々江戸に参覲する三百諸侯がこの清酒の香に酔い、鴻池銘酒の名が忽ち全国に響いたことが判る。『守貞漫稿』にもほぼ同様のことがのせられている。

以上の如き諸書によると、鴻池屋の当主は勝屋三郎右衛門或いは鴻池屋勝庵と記され、新六(新右衛門)の名は見えないのである。しかし少なくとも始祖の在世当時鴻池村で醸造された清酒が、幕府所在地である江戸へ積出され、諸方で賞味されたことは想像され得るのであり、他に的確なる文書・記録がない限り、これを始祖の事蹟と見て、敢て差支えないと思われる。

三　新六とその一族

始祖の新六幸元は子福者であって、その室花（摂津国大島村山本勘左衛門の女）との間に八男二女があった。即ち家伝の系図によると左の如くである。

新六幸元
- 新兵衛（清直）
- 善兵衛（秀成）（山中津一郎祖）
- 又右衛門（之政）（和泉町系）
- 治郎右衛門（政勝）
- 與右衛門（正代）
- 三位（幼にして出家す）
- 龍（女）
- 新右衛門（元秀）（鴻池村本宅）
- 善右衛門（正成）（内久宝寺町より後今橋系）
- 十（女）

そしてこれら子女の中二男善兵衛秀成（山中津一郎氏祖）、三男又右衛門之政（和泉町鴻池家之祖）は大坂落城後幾ばくもない元和元年（一六一五）と翌三年に大坂表に分家して酒造業を始め、新六自身もまた元和五年大坂内久宝寺町（うちきゅうほうじ）に醸造の傍ら酒販売の店舗を開いたが、やがて鴻池村の本家は七男新右衛門元秀が襲い、大坂の店舗は八男善右衛門正成が相続した。

新六の八男二女

初代正成

この善右衛門正成が即ち後の今橋鴻池家の祖であって、本書では初代ということにする。

新六の人柄

新六は前述の如く尼子氏の亡将の子として生れ、幼にして大叔父信直の許(もと)に養われ、艱苦の中に育ったが、志操堅固にして家業に精励し、相当に家産を残したのみならず、平生孝行をはげみ、神仏の崇敬を旨とした。ことに仏法には熱心で、弘法大師を信仰すること最も篤く、しばしば高野山に詣で、山内(さんない)安養寺の宥性(ゆうしょう)法師に帰依し、遂にその優婆塞戒(うばそくかい)をうけ、正保三年(一六四六)には薙髪(ていはつ)して、法名を一翁宗円と称した。

稲荷神の勧請

これより先始祖新六は、慶長五年酒造業が繁栄してくると、鴻池村の自邸の屋敷内に稲荷神を勧請(かんじょう)して、これを一族の守護神となし、日夕参拝を怠らず、本家・分家の者にも、毎月、日を定めて参詣させることにした。この稲荷祠が三百余年後の今日でもなお存在し、その境内に中井積徳(履軒)の撰に成る鴻池稲荷碑があることは前にのべた通りである。

子孫制詞条目

なお始祖には慶長十九年(一六一四)の制定になる『子孫制詞条目』なるものがある。すこぶる長文のものであるが、その眼目とする所は、冒頭の一条「万端正路を専らとし、王法・国法を守り、仁義・五常之道に背かず、主君大切、父母に孝行、家内睦(むつま)じく、謙(へりくだ)り驕(おご)らず、第一家職を励むべき事」にある。

以下順を追って、神仏の崇敬、先祖恒例(こうれい)の仏事の勤行(ごんぎょう)、召使男女小者の取扱い、喧嘩口論の成敗(せいばい)、金銀融通相談のため宴席におもむくことの厳禁等、凡そ商家の子弟として平生心得うべきこと十数項に及び、丁寧懇切に諭示している。そして
その巻尾には

慶長十九年寅年十月十日

山中新右衛門幸元　花押

同子孫中江

と記されている。

後世の加筆か

しかしながらこの『子孫制詞条目』の全文を精査すると、その大半は後世の加筆になったものの如くで、必ずしも始祖当時のものとは思われない。しかしそれにしても、始祖新六が思慮の深い人物で、将来の大計を定め、子孫の万代のため、如何に肝胆を砕いていたかが想見されるのである。

四　始祖新六の業績と長逝

新六の業績

以上の如く新六は醸造をなし、元和五年大坂の内久宝寺町に店舗をかまえ、醸造と共に販売を営んだが、その江戸積は馬背の輸送だけでは需要を満たすに足らなかったので、大坂・江戸間の海上運送に着目するに至ったのである。

海運業の開始

始祖新六が海運業をも開始したのは寛永二年（一六二五）六十四歳の時であったと伝えるが、この一年前の寛永元年に香西哲雲によって衢壌島（九条島、現在大阪市）が開発せられると、船舶がここまで入ることになった。そこで清酒輸送の経験から、海陸運送業が自他に極めて有利なることを知り、官に請うてこれを開業し、兼業としたのであった。即ち一は営業の清酒を運輸すると共に、二はかたわらに他人の物資を輸送しはじめたのである。このことは鴻池の事業をますます発展させることとなった。つまり海運業の開始である。

蔵屋敷と鴻池

当時既に江戸への参覲交代の制度が始まり、西国大名の往復、人馬荷物の運輸は繁栄をきわめ、江戸と西国筋の物資の往来も繁くなっていた。この時に資力豊かな鴻池屋が海運業を開始したのであるから、諸侯の要求はみたされたわけだ。

また当時の諸侯はその貢租米を蔵物(くらもの)として大坂に廻送し、これを売却して金銀に替え融通をはかった。そして大坂に競って蔵屋敷を設けたのである。そしてそれへの米穀も鴻池に委託されるようになった。鴻池は参覲交代の荷物と同様にそれをも引きうけたのである。この場合自己の造酒に使用する米もあったろう。米を通じて大名の蔵物と鴻池屋との依存関係が出来上る。また諸侯の財政窮乏は相当に早くからあり、こうした関係から大名へ貸金をなすことも起り、諸侯はその処分未済の蔵米を担保にして、大坂の町人から借入れ金をなすに至った。ここに大名貸の端初があるが、鴻池屋が大名貸をなしたのは寛永十四年(一六三七)に始まると伝える。また一説には寛永二年ともいう。定かではないが、始祖新六の在世中すでに大名貸をなしていたことは明白である。

大名貸の開始

始祖は晩年高野山に一宇を建立し、俗塵を払って隠栖する志があったが、家事多端のため果すに至らず、慶安三年(一六五〇)十二月五日、八十一の高齢をもって長逝した。なお内室の花は、正保三年(一六四六)二月十二日始祖に先んじて卒去した。

新六の長逝

始祖夫婦は鴻池村の菩提寺慈眼寺の本寺たる池田の大広寺に葬られた。

大広寺は応永年間城主池田筑後守光正の創建にかかり、天巖和尚を開山とする曹洞宗の名刹である。同寺の墓地は背後の五月山の中腹にあり、始祖夫婦の墓碑は高さ八尺の花崗岩五輪塔二基で、いずれもその百年忌に際し、裔孫新右衛門によって修補せられたものであるが、その墓銘は左の如くである。

新六夫婦の墓碑

始祖室墳―五輪塔正面各輪に「空 風 火 水 地」地輪正面に「清光院華嶽妙榮大姉 正保三年丙戌」向って左側に「延享二歳次乙丑二月十二日、當一百年遠孫修補」

始祖墳―五輪塔正面各輪に「空 風 火 水 地」地輪正面に「實相院一翁宗圓居士 慶安三年庚寅十二月初五日」、向って右側に「延享五戊辰十二月五日 當一百年 遠孫修補」、向って左側に「山中新右衛門」

新六の像と風格

始祖新六の風丰を伝えるものとしては、山中一族の菩提寺たる大阪市南区西高津中寺町顕孝庵（顕孝庵については後出）霊堂の奥に、開山門英和尚の肖像と並べて、その彫像が安置されていた。袈裟衣を身にまとい、法界定印に住し、結跏趺座している姿を現わし、面相枯淡、いささかも俗臭をおびていない。幾多の人生の辛酸を経て、頓悟一番、禅定の三昧境に入った高邁なる風格を偲ばしめるに足りる。（口絵図版参照）

また新六の画像としては顕孝庵蔵と和泉町鴻池家蔵の両種がある。その中顕孝

大叔父信直

庵蔵のものには、その讃に「前総持徳蜂隣野拙誌之」とあり、「寛永九壬申年林鐘（六月）吉祥日」とあって、始祖存命中に描かれたものであることが明白である。

なお大叔父信直についても附記しておきたい。信直は鴻池村に閑居して悠々晩年を送り、天正七年（一五七九）五月十六日帰幽したことは既記の如くである。その法名は泰照院月龝道円居士、室は方広院華屋妙巌大姉である。但しその墓所は当然鴻池村にあるべきであるが、今は見当らない。また後年（明和元年）顕孝庵五世瑞天和尚が同庵に建立した石塔には、信直を永禄八年（一五六五）八月十六日、その室を永禄十二年五月二十八日歿としているが、このようにすると信直は始祖幸元出生の元亀元年（一五七〇）には既に冥界の人になってしまい、その許に養われる筈がない。だから信直の歿年はやはり天正七年五月十六日をもって正当とすべきである。

第四　初代善右衛門正成

一　海運業の開始

善右衛門正成

鴻池家の初代善右衛門正成は、始祖新六幸元の八男で、慶長十三年（一六〇八）に誕生し、初名を新九郎または九蔵と称した。鴻池家はこの人を初代として現当主に至るまで連綿十三代に及んでいるのである。

前述の如く始祖新六の鴻池村における清酒の醸造は時好に投じ、その売れ行きもよく、既に慶長年間には陸路駄馬によって江戸に積出されたくらいで、家計も頗る豊かとなったので、元和元年（一六一五）に二男善兵衛秀成が、また元和三年には三男又右衛門之政が、始祖に先んじて大坂にでて醸造を業としたが、ついで同五年には始祖自身も内久宝寺町に店舗を設けて、醸造の傍ら販路の拡張に努めた。これは先にも記した所で、当時は正成はまだ幼少であったが、恐らくは始祖に伴われて彼も大坂に移住したらしい。

清水と相生

このようにして鴻池家の醸造業と清酒の販売は年月を逐って盛んになり、大坂で醸造する銘酒「清水」と鴻池村での造酒「相生」とを加えると、その年産額は十万石以上にも及んだので、その江戸積の如きも、到底陸路駄馬をもってしては間にあわず、勢い大坂・江戸間の運送が着目され、これを機縁にして鴻池家が海運業に手を出したことは前にのべた所である。

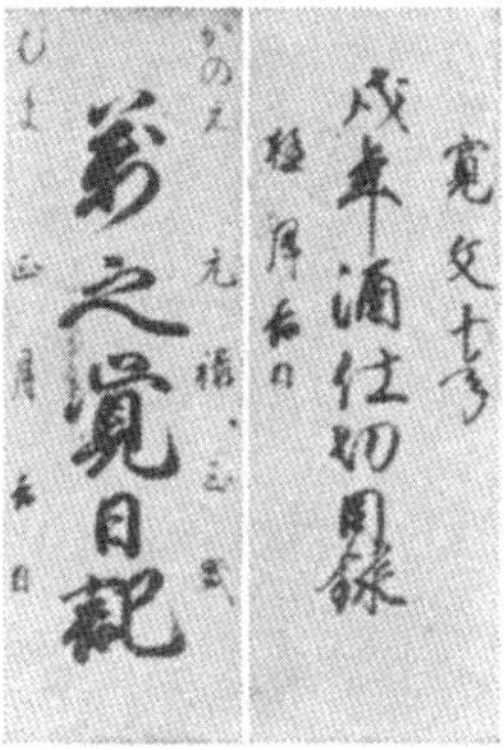

清酒江戸送りの記録
（酒屋時代の記録は少ないが、これはその一例である）

正成と九条島の本拠

始祖幸元が海運業を開始したのは寛永二年（一六二五）で当時幸元は五十六歳、初代

酒屋時代の記録

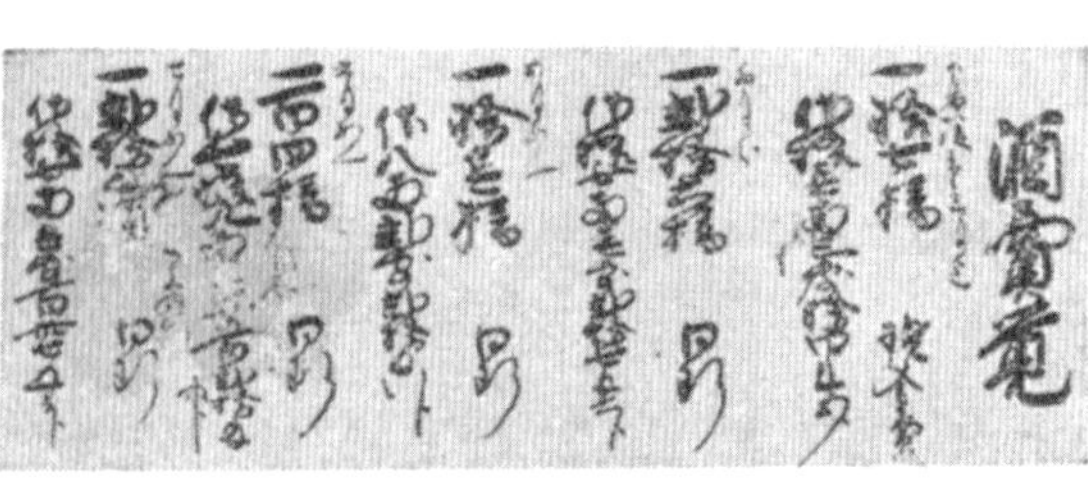

酒　売　覚

の正成は十八歳であった。しかして天性明敏なる正成は早くもこれに実際上あたり、衢壤(九条)島を本拠として海運業を行ったらしい。

『東京諸問屋沿革志』によると、江戸の小間物諸色問屋は慶長年間に始まり、関東及び陸羽地方の物産を買入れ、大坂の廻船に積んで上方に販売したという。これによっても慶長年間に大坂の廻船が江戸に来たことが判るが、元和初年にその下田番所が出来ているから、廻船の取締りを必要とするくらいに発達を見ていることが知られる。

堺の船問屋

ところが元和五年（一六一九）に、堺の船問屋某が紀州富田浦より二百五十石積の廻船を借受け、木綿・油・綿・酒・酢・醬油その他大廻荷物を積入れ、荷主・船頭間に運賃を定めて、これを江戸へ輸送したのが発端で、寛永元年（一六二四）には泉屋平右衛門が北浜町に、江戸大廻問屋を始め、

菱垣廻船のはじまり

ついで毛馬屋・富田屋・大津屋・塩屋等が踵を接して海運業を開くに至った。これが菱垣廻船の濫觴である。

北伝法の佃屋

大坂についで伝法（元西成郡伝法村、現大阪市此花区）・兵庫・西ノ宮にも廻船問屋が起った。伝法では万治元年（一六五八）北伝法に佃屋が開店したのが始めである。伝法より江戸への下り酒の廻船積下しは正保年中を最初とする。そしてそこに廻船問屋を開いたのは万治年間で、寛文以後伊丹の酒問屋の援助によって発展した。

樽廻船の始じまり

樽廻船の濫觴である。

兵庫から江戸への海運は酒の輸送で開かれた如くで、その先鞭をつけたのは兵

北風彦太郎

鴻池新右衛門

酒樽

庫の北風彦太郎であった。彦太郎は号を西遊といい、酒屋を営み、又手船三艘を所有し、伊丹の丸屋七左衛門及び鴻池の新右衛門より買受けた実綿をつみ、毎年肥後に下ってこれを売り、その帰航に際しては、米・大豆・菜種等を購入するのを例とした。この新右衛門は幸元の八子で元秀という。善右衛門正成の兄で、鴻池村の本家をついでいた人物である。当時新右衛門はその醸造にかかる酒を馬につんで江戸に送っていたが、北風彦太郎が手船を持ち、且つ酒屋を業とするのを見て、酒の江戸送りを考えた。しかし兵庫に酒樽を作る樽屋がなかったので、新右衛門に乞うて樽の見本を貰いうけ、樽屋長兵衛というものをして作らしめた。しかもその手船ではこの航海に堪えがたいと思われたので、あたかも堺の唐物を積んで兵庫島之上町堺屋孫左衛門方に来ていたものに依頼し、船を堺より兵庫に廻航せしめ、これに積んで江戸に送ることにしたという。その年代は不明であるが、早くから鴻池村の本家でも海運に目をつけていたことが判る。

堺と大坂

もともと江戸・大坂間の廻船は堺の廻船問屋によって始められたらしいが、寛永以後になると大坂に多く廻船が起って堺を圧倒するようになり、これが遂に堺に打勝つに至ったのである。

鴻池の海運開始

このような気運があったのであるが、この気運に乗じて、鴻池家もまた海運が有利であることを見てとるに至ったのである。そして自醸の酒を江戸へ輸送することとなり、またその帰り船には諸大名より貨物の輸送をも託せられたので、かたがたもって前記の諸家と相前後して、鴻池家も海運業をいとなんだのである。

香西哲雲

これより先、淀川の下流は葭や芦が一面にはえしげり、水鳥のとびかう砂洲の姿であった。風波の至るごとに沿岸は怒濤に浸蝕され、被害が少なくなかった。そこで幕府の吏香西哲雲なるものが川口の砂洲を修築して多年の水患を除こうとした。この人物は『摂陽群談』によると、「香西哲雲は将軍に仕えて兼て東武(江戸)に在り。公料に就而此津(大坂)に役し、暫く巡歴す。後亦江府に歿す」とある。幕府の役人で、江戸の人であった如くで、林羅山とも交友があったらしい。香西哲雲が上訴して砂洲を開いたというが、幕府の吏であったとするならば幕府に開発の意図があり、哲雲がその命によって来たものと考えてもよいであろう。

衢壌島の開発と池山一吉

このようにして衢壌（くじょう）島が開かれたのであるが、これには土豪池山一吉が協力している。この人は『摂津名所図会大成』によると、「池山氏はその先祖は甲州武田信玄の曾孫にして勝頼の孫なり。武田氏滅亡の時僅かに二年であったが、羽柴の臣池山某に養育せられ、長じて越前宰相に仕えて武功あり」とある。この両人（香西と池山）は寛永元年（一六二四）に開発に着手した。一吉は新兵衛と称し、寛永十一年に歿したが、その後裔は代々九条村の庄屋となり、新兵衛の名を世襲している。この地は

南浦

古くは南浦といわれていたが、香西哲雲・池山一吉の開発したのを林道春（羅山）が衢壌島と命名したものである。後、延宝年間に至り洪水に際し一木笏（もくしゃく）が漂着したが、

九条

これは京都九条家のものであったから、これを九条と称するに至ったらしい

（大阪府全誌）。しかしこれは要するに衢壌の文字が難読であったので九条とかえたものにすぎない。衢壌島は四貫島とともに竣工したが、当時の大坂では市街整理と共に溝渠の開鑿が行われ、元和二年（一六一六）には道頓堀、同三年には江戸堀・京町堀、同六年には立売堀、寛永元年（一六二四）には海部堀、同二年には長堀が順次に竣工したのであるが、新たに修築された衢壌島は此等の諸堀の西端に位するので、地理的にも水運の便にめぐまれ、重要なる場所となった。鴻池屋がこの衢壌島を海運業の本拠としたのはまことに当を得たものであった。

二　海運業の発展と両替業の開始

正成はこの衢壌島を本拠にして海運業に従事し、とくに西国大名の米穀を藩地より大坂へ回漕し、あるいは江戸への貨物輸送に任じたのであった。元禄年間には江戸の呉服町に出張所を設け、手船百余艘を有し、随分手広く営業したようである。

鴻池家の海運業は正成より二代之宗、三代宗利、四代宗貞にまで及んだが、享保年間になると漸次縮少せられ、あとは両替業に専心するようになった。しかし鴻池家がまず酒造業をもって基礎をつくり、ついで海運業にてますます強固となったことは争い難い事実である。

両替業の開始

しかも両替業も実に明暦二年(一六五六)にこの正成によって開始されているのである。そして二代之宗によってその業務が大いに発展したのである。正成は時勢に鑑みて両替商の有利なことを認め、両替商を開業すると共に、その末子五郎兵衛をして業務見習のために天王寺屋五兵衛方に赴かしめている。然るにこの五郎兵衛円沢が、その修業中寛文九年(一六六九)十九歳をもって死去したのは惜しまれる。

五郎兵衛

酒造を廃した一つの理由

『籠耳集』によると、鴻池が酒造を廃し両替業を開始したのは、「元来酒造は大切の米穀を年々潰し、自ら米を麁末に致し勿体なき事と思召められ候」によって中止したと記している。

天王寺屋と両替屋開始

両替屋開始については万事天王寺屋を範とした如くで、天秤(てんびん)並びに金箱または銀箱の類も天五(天王寺屋五兵衛)所持の分を譲りうけている。草間直方(伊助)が鴻池につとめていた時、箱番をしていると、時々金銀箱は昔のままで、裏に天王寺屋五兵衛と書いたものもあったという。

大名貸の開始

初代善右衛門正成は前述の如く大坂・江戸間の海運業をなし、岡山藩以下西国大名の御用運漕を引きうけることによって各藩要路の人々とも交渉を生じ、その結果自然各藩への融通をもなしたらしい。少なくとも初代正成の時の寛永年間には盛んに大名貸をやっていたようである。もし寛永十四年(一六三七)から大名貸を初めたとすると、その年の十一月には島原の乱がおこり、天下はこれがために聳動(しょうどう)し、米価は高値となり、一石に銀五十二―三匁を要したのであった。もっとも鴻池家が大名貸を始めるに当っては最初は単独に取引することをさけ、その先達(せんだつ)た

天王寺屋を介する融通

る天王寺屋五兵衛を介して融通していた。これは貸倒れその他の危険を防止しようとする初代正成の周到なる用意に基くものである。

この大名貸が、鴻池家をして両替商に転ぜしめる契機になったのである。しかも両替商に転じたことによって益々豪富をいたし、遂には全国長者番附の筆頭に位するに至るのである。

天王寺屋五兵衛大眉氏

由来大坂における両替商の鼻祖は天王寺屋五兵衛であると称せられる。同家の姓は大眉、摂津の国住吉郡遠里小野村の産であった。同家は頗る旧い家柄であって、その始祖は遠く用明天皇の御代にありとも伝える（敏達帝の時ともいう。『浪華百事談』）。天王寺屋の屋号も聖徳太子の四天王寺建立につながる伝承にもとづくといわれる。

天王寺屋と手形の振出し

初代天王寺屋五兵衛はその名は詳らかでないが、夙に理財に長じ、慶長年間衆に率先して金銭の売買を開始し、また青砥左衛門尉（藤綱）の故智を襲うて手形の振出しをなしたとつたえる。『日本唐土二千年袖鑑』によると、寛永五年（一六二八）両替商

小橋屋浄徳

鍵屋六兵衛

として開業したとある。その場所は今橋一丁目（東区今橋一丁目）であった。天王寺屋の開業当時は他に両替商はまったくなかったようで、その後数年ならずして小橋屋浄徳・鍵屋六兵衛等が相ついで開業、互に結んで益〻手形流通の途を開いたという。

初代五兵衛は寛永十五年（一六三八）三月十六日に歿し、その墓は天王寺区谷町八丁目久本寺にある。大坂の両替屋といえばただちに天王寺屋五兵衛が想起せられ、その後は十人両替の筆頭としてすこぶる重い地位を占めて来た。

両替屋と石丸定次

明暦二年（一六五六）鴻池屋もまた両替屋を開店したわけであるが、当時はまだ公然とその名を称さなかった。両替屋が幕府によって初めて公認されたのは大坂の東町奉行石丸定次が小判買入れのため、その公用を天王寺屋五兵衛と小橋屋浄徳・鍵屋六兵衛に命じた寛文二年（一六六二）のことであったと伝える。ついで石丸定次は諸商業の制規を立て、仲間の信用を保持し、金融の円滑をはかろうと企図して、本両替中もっとも信用のあるもの十人を選んで、仲間の取締りにあたらしめると

十人両替

共に、一方幕府の御用両替として公金の出納の取扱いをはじめさせ、帯刀の許可、町役免除の特権を与えた。世にこれを十人両替という。寛文十年（一六七〇）のことらしいが、この時既に鴻池喜右衛門の名が見えている。寛文十年は正成六十三歳、之宗二十八歳の時である。この鴻池喜右衛門は二代之宗のことであるが、もとより正成の存命中であるから、その功にも帰してよいであろう。

三　正成の人物

正成の人物

六男二女

喜右衛門

初代善右衛門正成には、その室（摂津国川辺郡昆陽山口氏女）との間に六男二女があった。いま系図によるに、長男は又市郎、次男は喜右衛門、三男は三郎右衛門、四男は治郎右衛門、五男は四郎右衛門、六男は五郎兵衛である。家督は次男喜右衛門が相続し、長男又市郎は又右衛門家（和泉町鴻池家祖）をついで、その二代となつた。また長女は早世し、次女石には油屋治郎兵衛の四男甚十郎を養子として迎え、娶わせた。

甚十郎は後に吉右衛門と改め、知貞とも称したが、養父に仕えて実直、よく家業を習い、宗家の支柱として働いた。

甚十郎は晩年に『家之記』一巻を著わし、養父と自分との関係並びに一身上について詳記しているが、中に正成の人物性行に関して記するところも少なくない。いまその一―二を摘記すると次の如くである。

宗信（正成のこと）は元來生得實性人に勝れ、人柄大にして大力也。直にして慈愛あり。富貴にして息災長命、物毎少しも苦にせざる氣質也。五拾年より安樂に暮せる有得なれば、孫・曾孫出生すれば悉く金銀をなべておくる。果報身にあまる人也。一家福力にて今繁昌す。

といい、或いはまた

養父宗信の一生の行跡を見聞くに、誰の人か及びがたし。廿六年の間朝暮そひみるに、終に芝居も見ず、茶屋にて料理の事もなし。悪しき處は云ふに及ばず、すなをならぬ人々伴はず、萬驕りをやめ、倹約をもととす。

などとある。

甚十郎

知貞

正成の性行

要するに初代正成は軀幹長大にして、健康に恵まれていたこと、その性格が闊達にして楽天的であると共に、一面において質素倹約を重んじ、その生涯を通じて家業に精励して倦むところを知らなかったことが判る。

実に鴻池家はこの人によって、以後三百余年にわたる磐石の基礎が築かれたのである。

正成の卒去

正成は元禄六年(一六九三)正月二十六日、八十六歳の高齢をもって卒去した。法名は一円宗信居士。夫人の種はこれに先だって天和四年(貞享元年)(一六八四)正月十三日、六十五歳をもって他界した。法名は円理妙元大姉、夫妻共に西高津中寺町顕孝庵に葬られた。

四　顕孝庵の建立

顕孝庵の建立

顕孝庵は鴻池家一門の菩提寺で、大阪市南区西高津中寺町(現、中寺二丁目)にある。曹

又右衛門之政

洞宗総持寺派に属している。顕孝庵建立の由来は次の如くである。

初代善右衛門正成の兄又右衛門之政は、父新六幸元の感化をうけ、仏心極めて深い人であったが、大坂表に分家して家業繁栄に赴くに及び、仏恩の加護を念とし、兄弟筋なる善兵衛家・善右衛門家とも語らい、鴻池家一門の菩提寺として一宇を建立し、既になき父幸元を開創者としてこれを祀ろうとした。

このように計画を進めている中に、寛永二十年(一六四三)善兵衛秀成は江戸において客死したが、善右衛門正成は、兄又右衛門之政を援け、地を高津中寺町に相して、伽藍の建立に着手した。これが即ち顕孝庵の濫觴である。

由来高津寺町一帯の地は元和の昔松平忠明が大坂城主として領有し、大坂の市街整理をした時に、天満・小橋と共に、寺院地区に決定した所であって、顕孝庵の地にはもと崇先山玉泉寺と称する浄土宗寺院が存在していたが、当時は廃寺となって荒蕪にまかせられていたので、官に請うて寺院建立の允許を得、いよいよその建物が竣成したのは寛文元年（一六六一）のことであった。しかしてその寺名を特に顕孝庵と命じたのは前にのべた如く、父幸元を開創者として、孝道をあらわすの意を寓したものに外ならない。

この時にあたって之政・正成等は当時の開山として請ずべき善知識を求めたのであったが、始祖新六家の菩提寺たる鴻池村の慈眼寺やその本寺たる池田の大広寺が曹洞宗に属していた関係もあって、自然同宗内より適任者を物色することとなり、種々詮議した結果、能登の国鳳至郡広瀬（現在門前町と称す）にある大本山総持寺（現在は横浜市鶴見区に移転）の塔頭覚皇院の門英和尚を迎えることに決し、之政自ら能登に赴いて懇請するところがあった。

門英和尚は字を抜山と称し、その行徳特に勝れ、戒律堅固の高僧であったが、之政等の熱意に動かされ、顕孝庵開山第一世として、大坂に留錫することになった。この因縁よりして、顕孝庵は今日においても覚皇院をその本寺とし、曹洞宗総持寺派に属しているのである。

さて門英和尚は学徳共に高く、鴻池家一門の帰依を得ることを希望したのであったが、由来曹洞の禅風は久しきにわたり市井に駐まることを欲せず、和尚もまた山林を恋うの念切なるものがあったので、年を経て顕孝庵はその弟子某にゆずり、自身は河内の国(大阪府)楠葉村の久親恩寺に退いて、元禄八年(一六九五)正月八日に六十七歳をもって示寂した。

五　鴻池一門の塋域

以来顕孝庵は歴世相つぎ、鴻池家の扶助をうけて今日に至っているが、現在同庵には本堂内に本尊釈迦如来、脇仏文珠・普賢両菩薩の三尊を祀り、後方の霊堂には歴代住持・鴻池各家・同分家・別家等の位牌を安置していたが、その正面厨子の中央は開山門英和尚の像であり、向って左は鴻池家始祖新六幸元の彫像であった。

正面厨子

又右衛門之政

なお顕孝庵には別に始祖の画像をも襲蔵していたが、同庵の行事として始祖を祀るにこの画像をもってする習慣があることは、特に注目すべきであり、旧幕時代を通じて幸盛を遠祖とすることを表面上秘していた心理が察せられるのである。

顕孝庵の境域には、鴻池家一門の塋域がある。即ち始祖新六幸元一翁宗円居士・室花嶽妙栄大姉・又右衛門之政明雙久円居士は各〻五輪塔であって、その他当寺創建以前に物故した善兵衛秀成源室道本居士及び初代善右衛門正成一円宗信居士以下鴻池家一統の墓碑が並んでいる。この中又右衛門之政の墓碑がもっとも巨大であるが、このことは之政が当庵建立の中心人物であったことを無言のうちに物語るものである。

塋域の北部一廓に始祖の大叔父信直月秋道円居士の宝篋印塔(ほうきょういんとう)がある。この塔の基礎の正面には道円居士及びその室妙巌大姉の歿年をそれぞれ永禄八年乙丑八月十六日、永禄十二年己巳五月二十八日と記し、他の三面には碑銘がある。それによると信直（喜六又は直幸）を始祖の実父とし、山中鹿之介幸盛をその又実父即ち始祖の祖父と記しているが、この碑銘は顕孝庵五世瑞天和尚が明和元年道円居士（信直の法名）二百年の忌辰に当って撰したもので、その事実を誤ることは既に前章においてのべた如くである。

一建立の菩提寺

かように鴻池家一門が寛文元年において、既にその菩提寺として、他人の助力に依らず、一建立（ひとこんりゅう）をもって顕孝庵を創建したことは、ただに始祖新六幸元以来、仏法に帰依し、求道心がさかんであったことを示すのみならず、一門が各自相当の産をなし、経済的に優位を占めていたことを反映するもので、鴻池家にとってはまことに慶賀すべき善業（ぜんごう）だったといわねばならない。

第五　二代喜右衛門之宗

一　人物と性格

正成の六男二女

初代善右衛門正成にはその室の種との間に六男二女があった。今これを系図をもって示せば次の如くになる。

二男喜右衛門

善右衛門正成
- 女子　早世
- 又市郎　又右衛門家をつぎ二代となる
- 喜右衛門　二代之宗
- 三郎右衛門
- 治郎右衛門
- 四郎右衛門
- 石　養子甚十郎室
- 五郎兵衛

これらの子女の中、嫡男又市郎は、明暦元年(一六五五)正成の兄又右衛門家の養嗣となったので、その家は二男喜右衛門が相続した。喜右衛門は初名を善次郎、後に之宗と称した人で、鴻池家の二代である。由来鴻池家では代々の当主の通称を善右衛門といい、隠居後に喜右衛門と名乗るのが恒例であったが、まだこの時分にはこのような慣習が確立していなかった如くで、二代之宗に限り一生を通じて喜右衛門という名前をもって終ったのである。他の兄弟、三郎右衛門・治郎右衛門・四郎右衛門はいずれも分家した如くであるが、末子五郎兵衛は寛文九年（一六六九）、十九歳で夭死（ようし）した。

甚十郎

女子二人の中長女は早世し、次女石には油屋治郎右衛門の子甚十郎を養子として迎え、これに娶（めあ）わせた。前章においてのべた如く、甚十郎は後に吉右衛門と改め、知貞と称したが、その性実正にして、よく養父に仕え、家業を見習ったという。その当時の事情を記した前掲の『家之記』はこの人の筆になるものだという。

二代喜右衛門之宗は寛永二十年（一六四三）に生れ、寛文三年二十一歳の時家督を相続したが、これより先、八尾吉兵衛の娘長を入れて室となし、六男二女の外に寛文七年には男子石鶴が生れた。この石鶴は後に善次郎と改め、宗利と称した人で、鴻池家三代の当主であった。

善次郎宗利

鴻池家は初代の正成の時に両替商を開始し、二代に至ってその業務は漸次発展し、同業者の間の地位も確定して、寛文年間には、天王寺屋五兵衛以下九人と共に、いわゆる十人両替の一人に加えられた。これ以来鴻池家は江戸時代を通じて、屢〻十人両替の要位を占め、幕末に及んだのであるが、これらについては項を改めて述べよう。

十人両替

之宗の人となりは温厚篤実であって、始祖幸元・初代正成によって創業された鴻池家の基礎を固め、更にこれを堅実に発展せしめた。従って之宗には始祖・初代におけるが如きその事業の華やかさは見ることを得ないが、守成の功は蔽(おお)うべからざるものがある。なお之宗の晩年に至るまで始祖正成は生存したので、家業の経営には万事その差図をうけたことも想見すべきである。

之宗の人柄

之宗の晩年

之宗は早く家督を三代宗利に譲り、晩年は了信と称し、神仏への信仰を旨としたが、元禄九年（一六九六）五月二日に病歿した。享年五十四歳、法名は篤峯了信居士。室長は宝永元年（一七〇四）九月十七日卒、法名は覚窻知信大姉、享年五十八歳。共に菩提寺顕孝庵に葬られた。

二　岡山藩の漕米

岡山藩の江戸廻米と鴻池

鴻池の始祖幸元が海運業を始めたことは既に述べたが、主として西国大名の米穀を藩地より大坂へ回漕し、或いは江戸への貨物輸送に任じたのであって、とくに岡山藩においては延宝四年（一六七六）九月十日家臣俣野（またの）善内なるものが、同藩江戸廻しの米を鴻池屋に託することを建議し、この議が容れられて、まず取敢えず、藩邸用の餅米の輸送が実行に移されたものの如くである。

延宝四年は二代喜右衛門之宗の時代である。これについては旧岡山藩の記録に次の如く見えている。

江戸大廻りの御米、鴻池喜右衛門大坂舟相究廻し申段先日申上候処、喜右衛門に被仰付御廻させ御覧可被成旨被仰出候。弥左様に被思召候はば、御台所御入用之餅米被遣候はば、相場も御手廻しに成申候。左候得ば、餅米之儀肝煎共へ被仰渡早く御納所仕候様、在中へ御觸可相成候哉。右老中より伺に及び、御米江戸廻し之儀、大坂鴻池喜右衛門肝煎の舟にて廻し可申旨命令。（岡山藩類纂船手、抜萃）

当時既に岡山藩と鴻池との関係が深かったことがこれでも判る。

三　江戸時代の三貨と両替商の業態

大坂の両替屋の種類

大坂の両替屋はその業務の種類によって本両替仲間・南両替仲間・三郷銭屋仲間の区別を生じていた。このうち、本両替仲間、俗に本両替は金銭売買・貸附・

本両替

手形振出・為替取組・預金等の業務を取扱い、あたかも今日の銀行の如き機能を有していた。とりわけ本両替中資力と信用あるものは、幕府或いは各藩の金融機関として、掛屋或いは蔵元等をつとめ、大いに活躍したものであった。鴻池屋は実にこの本両替になっていたのである。

銭両替

南両替

銭両替は市中に散在して、少しばかりの資本で銭と正銀との交換を取扱ったもの、いいかえると小銭の両替をするものであった。南両替というのは本両替と銭両替の中間にあるもので、本両替の方ではこの南両替を軽蔑していた。

切賃又は打銭

元来両替屋の事務とする所は切賃または打銭と称する手数料を徴して金銀銭三貨の相互交換をなすにあって、その名前が示す如く文字通り両替であった。

金座

金貨は金座で鋳造発行した。金座は初め江戸・京都及び佐渡にあったが、のち佐渡を廃し、京都を江戸の附属とした。江戸の金座は遠江の人後藤庄三郎光次及びその子孫の世襲する所であった。幕府時代に金銀貨は幾度か鋳造せられた。金

小判と一分判

貨は小判と一分判が主なるものである。大判はあったが、これは主として贈遺用

で、通常使用せられたのは小判と一分判とであった。

銀座

金貨を鋳造発行した役所を金座というように、銀貨を鋳造発行した役所を銀座といった。銀座は最初伏見両替町に出来、それが京都両替町通りに移った。駿府(静岡)に置かれた銀座は江戸の新両替町、即ち銀座一丁目・二丁目・三丁目・四丁目に移り、さらに享和元年(一八〇一)に蠣殻町に移った。大坂では高麗橋の東詰の内両替町に、また長崎では芋原に銀座があったが、長崎の分は寛政度に廃止せられたという。

大黒常是

常是包

銀座の役人とは別に、大黒常是というものがあって、銀貨に極印を押すことと包装をすることとを代々の職としていた。常是包という名称があるくらいである。

丁銀と小玉

銀貨は目方をもって通用した。丁銀一個の目方は不同で、凡そ四十目内外あった。金貨には両とか分とか朱とかいう価がつけてあるが、銀貨には価がつけてない。単に目方で通用する故に、丁銀だけでは計算に不便であった。そこで量目不

二朱銀

同の小玉(小粒)というものがあった。明和二年(一七六五)になって始めて五匁銀を鋳たが、この時も矢張り目方を示していた。しかし同四年になってこの五匁銀は銀相場の如何にかかわらず、十二枚をもって金一両に代うべしというに至り、初めて価を附けられたというべく、その後安永元年(一七七二)に至り、二朱銀(南鐐)が鋳造せられ、ここに初めて純粋に表記の価をもった銀貨が出来たのである。引つづいて文政十二年(一八二九)に一朱銀、天保八年(一八三七)に一分銀が出来たが、それはあとのことである。

銭座

銭座は寛永十三年(一六三六)幕府で、寛永通宝銭鋳造のことを企て、芝の新銭座及び江州芝本に銭座をおいたのがはじまりである。そしてその翌年、水戸・仙台・吉田・松本・高田・長門・備前・豊後の各地に請負人をおいて銭座の設立を許した。しかしながら銭座は金座・銀座のように永久的なものでなく、ある期間を限り鋳造を許し、期間が盡きると廃止せられるのを常とした。またある一地方に限って通用を許されたものもあった。仙台通宝がその通用を仙台領に限られ、箱館通宝が箱館・松前（福山）その他蝦夷地帯に限られている類である。

銭

寛永通宝

銭は寛永通宝が主なもので、後世鋳造するものも皆銭文には寛永通宝の文字があり、すべて一文銭であるが、後、宝永五年（一七〇八）の宝永通宝は十文に、明和五年（一七六八）の寛永通宝は四文に、天保六年（一八三五）の天保通宝は百文（当百銭）に、文久三年（一八六三）の文久永宝は四文に通用せしめた。銭の質には銅銭も真鍮銭も鉄銭もあった。

金銀の交換率

金銀貨の法定交換率は一般には金一両銀六十目と信ぜられている。しかし慶長十四年において幕府は金一両に銀五十目替たるべしと令している。『大日本貨幣史 参考』によると、元禄八年（一六九五）の令によって六十目になったと伝える。また元禄十三年には「両替屋共当年より来年十二月まで金一両につき銀五十八匁より高直（たかね）にすべからず」と令している。金銀交換率は一様でなく、一高一低で常がなかったらしい。

金銭の交換率

銭も一両につき四貫文たるべしと寛永新銭発行の際に規定されているが、金銭の法定交換率も時に従って変化したようだ。金銀同様相場に常に高下があった。

銀目と金目

物価をいう場合、上方(かみがた)は銀目を以てし、関東筋は金目をもってした。相撲取を呼ぶのでも、上方は何十目取といい、江戸で十両取という類であった。上方は貨物の名目を表(おもて)に立て、銀の方から高下をなし、例えば米一石銀何十何匁何分といい、関東筋は金を表にし、金一両につき米何石何斗というように升目(ますめ)の方から高下した。このように上方と江戸とでは金目・銀目の相違があったから、両地間の取引は江戸では銀の安い時に注文するのを利ありとし、上方では金の安い時に売捌くのを利益とした。

金銀銭の相場

金銀銭の相場は両替屋でたてたわけで、それも本両替の仕事であった。

先にもいった通り、江戸は金遣(づかい)であり、上方は銀遣であるから、江戸では金を本体とし、金をもって銀を買う時の相場を建て、上方は銀を本体とし、銀をもって金を買う時の相場を建てた。故に江戸で銀相場が六十二匁から六十三匁になれば、銀相場下直（したね）といい、上方で金相場が六十二匁から六十三匁になれば、金相場高値といった。

つぎに銭相場は江戸では金一両を標準として銭何貫何百何十文と建て、大坂では銭一貫文を標準として銀何匁何分と建てた。

親両替と子両替

両替屋の中心は本両替にあったが、その中にも親両替と子両替とがあった。彼等の資産は親子の間と雖も知らしめなかったけれども、資産の大小、本家・別家の関係によって自ら親両替と子両替とに分れ、子両替は自分の店の遊金（ゆうきん）をもって親両替に預けた。自分が取付（とりつけ）にあえば親両替にあてて手形を振った。これを「取引」といった。

取引

取引には利子もなく抵当もなかった。全く徳義上の関係であるから子両替は親両替の面目を損ぜぬようにと不信の行動をさけ、親両替もまた子両替を保護し、手形を過振（かぶ）りして貸越が嵩（かさ）んでも、譴責してこれを改めさせるくら

差引

鴻池の両替屋とその地位

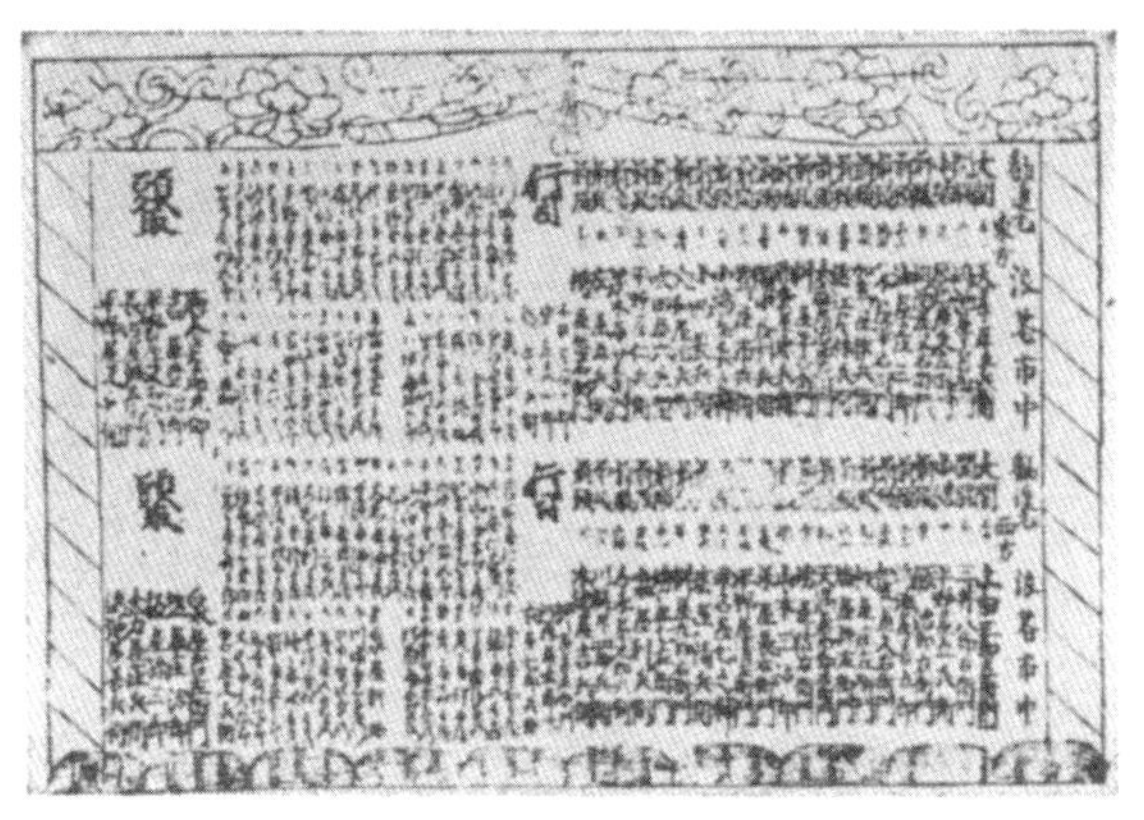

天明8年の大坂長者番附

(鴻池善右衛門よりも，天王寺屋五兵衛の方が上位にある)

いであった。同格の両替屋であれば互に手形を振出し、半月若くは一ヵ月毎に決済し、借越となっている残額を弁済した。これを「差引」といった。

鴻池はもとより本両替であり、それもまたたくうちに親両替になったわけであるが、なお初めは天王寺屋五兵衛・平野屋五兵衛のような大なる旧家が別に存在していた。久須美祐儁の『浪花の風』によると、「豪家は鴻池屋善右衛門当時第一と称すれども、旧家に於ては天王寺や五兵衛に勝るものなし。天王寺屋は聖徳太子の頃より実子にて相続のよし。右故当地の町人子育無きものは、五兵衛に請て盃を貰へば出生の小児必ず成長すといへり。また平野屋五兵衛抔も旧家にて、此家に鴻池屋善右衛門先祖より出せし酒の通帳を所持すといへり」とある。天明頃の大坂の長者番附を見ても、まだこの頃まで東方の大関は天王寺屋五兵衛、西方の大関は上田三郎左衛門で、鴻池は東方の関脇、三井八郎右衛門が西方の関脇である。近世前・中期における鴻池の格式と地位が判る。

当座勘定

両替屋は一般町人から金銀を預ったが、それは概ね当座勘定で、且つ無利子であった。早くから京坂地方の商人は金銀を家に死蔵せず、余剰があれば直ちに両替屋に預け入れる習慣があった。これは利殖を目的とするものではなく、またその保管を託するというよりは、寧ろ両替屋との取引において、自家の信用を確保せんがためであった。

振出手形

両替屋は当座勘定に対して預金者に振出手形を渡した。預金者の希望によって幾枚にも金額を分割して交付することもあった。この手形は何時でも両替屋へ持参すると正金になるので、兌換券同様に流通した。

先にも一言した如く、大坂の商人は自分の所に現金をおかず、すぐ両替屋に預け、通帳によって出し入れをしたが、商売上には手形の取組が盛んであった。両替屋を利用することが大であったのである。かくて両替屋の利益も大きかったわけである。

金銀の売買

また大坂商人は諸国から金を受取ると、必ずその金を両替屋へ持っていって銀を買った。この金銀の売買で、両替屋は大抵一両に銀一匁の利益があった。これは大きな利益といわねばならぬ。江戸の方は余分の金があっても両替屋へ預けない。振手形も大して行われなかった。また銀で値段を唱えないから金銀の売買がない。これ等の理由でどうも江戸の方は大坂ほどに信用制度が発達しなかったらしい。鴻池屋がこうした事情によって次第に巨富を擁するに至ったことはいうまでもない。自然経済より貨幣経済へと進むと共に、両替商は必然的に社会の要求する所であった。こうした世潮に掉さして鴻池家が両替商を開業し、金融界に乗出したことはまことに時宜を得たものといってよい。

四　十人両替としての鴻池

本両替の業務

十人両替は本両替仲間特にその行司の中から十人選出されたものであった。元来本両替は金銭の両替ということよりも、寧ろ預金の受入、金銭貸附、手形による信用設定、為替の取組をなしたが、その外新旧金銀の引換え、金銀市価の調節、米価調節の目的のための米買上、その他の献金・用金の調達に幕府の公用をつとめ、また大小諸藩の掛屋・蔵元になった。そのうち十人両替として選任されたものは前記の諸公用その他の公用に任じたもので、また行司として、公辺と一般両替との間に介在して交渉・取次の任にあたった。

十人両替

十人両替は寛文二年（一六六二）、幕府が小判買入を天王寺屋五兵衛と小橋屋浄徳・鍵屋六兵衛の三人に命じた時に発し、同十年にその用務の増加によって十人に下命したので制度化したと思われる。寛文二年彦坂壹岐守（重治）が奉行の時で、通説にいう所の石丸石見守定次説は、その任命が寛文三年八月なるため否定される。

彦坂壱岐守

しかし通説によると石丸定次の取立てたものとされている。また寛文十年には大坂東町奉行に石丸定次がなっているが、その年は江戸に出府していたから、大坂在番は彦坂壹岐守であったらしい。

『鴻池年表』によると、寛文三年に鴻池が十人両替の一員となったとしている。この年は正成五十六歳、之宗二十一歳の時である。しかしこれは正確かどうか判らない。しかし寛文十年には鴻池屋は明らかに十人両替の一人になっている。

寛文十年の十人両替

寛文十年の十人両替は、「天王寺屋五兵衛・薪屋(たきぎや)九右衛門・鍵屋六兵衛・坂本屋善右衛門・天王寺屋作兵衛・薪屋杢右衛門・泉屋平兵衛・誉田(ほんだ)屋弥右衛門・鴻池屋喜右衛門・助松屋理兵衛」となっている。当時の鴻池屋の当主が二代之宗であったことは前にも述べた通りである。これは鉄屋庄左衛門の記録安永七年（一七七八）の上書によったものである。

鉄屋記録

五　鴻池家の今橋開店

本地より今橋

鴻池家が内久宝寺町の「本地」より現在の今橋に両替商を開店したのは延宝二年（一六七四）六月のことで、二代喜右衛門之宗の時である。鴻池家では内久宝寺町の旧邸所在地を「本地」といっている。始祖新六が大坂において初めて本拠を置いた土地だからである。

大和屋律子

今橋の両替商開店地先は同二丁目難波橋西北角で、元大和屋律子の家屋敷であったが、大和屋が何かの事情によって破産したために、当時は債権者の管理に委ねられていた。家屋の結構は表口九間裏行二十間で、その代価は銀高三十八貫百十匁であった。現に鴻池家には、これに関する証文二通が保管されている。

永代賣渡し申ス家屋敷之事

一、今橋二丁目難波橋西北角大和屋律子家屋敷、表口九間裏行二拾間、西隣眞嶋安栖也。

右之家屋敷、今度律子身躰（身代）つぶれ申に付、負せ方（債権者）中より入札に仕、其方高札三拾八貫百十匁に永代賣渡し、則チ代銀請取申ス所實正也。右之家屋敷に付、違亂妨申ス者於テレ有ルニレ之ハ、負せ方中幷ビニ判形之者罷出、急度埒明可レ申ス候。爲ニ後日ノ永代賣券狀、如シレ件ノ。

大和屋律子

延寶二年寅六月二十八日

負せ方中　印

五人組紙屋源左衛門　印

同　升屋彌右衛門　印

同　平野屋利兵衛　印

同　鳥飼屋四郎兵衛　印

年寄　眞嶋安栖　印

帳切銀

鴻池屋喜右衛門殿

請取申ス帳切銀之事

一、今橋二丁目難波橋西北角大和屋律子家屋敷、表九間口裏行二拾間西隣者眞嶋安栖也。

右之家屋敷今度律子身躰つぶれ申候付、負せ方中より入札に仕、其方高札三拾八貫百拾匁に永代買取被レ申候所實正也、廿分一銀壹貫九百五匁五分、町へ請取候也。

延寶二年　　　今橋二丁目
子(ね)ノ七月二日　　　丁中　町印

鴻池喜右衛門殿

年寄真嶋安栖

この証文にある元の家屋敷の所有者大和屋律子が如何なる人物であったかは判然としないが、文中「身躰つぶれ申に付負せ方中より入札に仕」云々とあるによって、既に身代限をなし、その財産が債権者の手中にあったことが明らかである。また紙屋源左衛門以下の五人組、年寄真島安栖等が署名連印していることによって、寛永年間幕府において制定された五人組制度が当時既に大坂にあっても完備

帳切銀

していたことが知られるのである。更にまた帳切銀の名目下に、家屋敷代価の二十分の一をその町（今橋二丁目）に収めていることは、当時の土地家屋売買に関する規定を徴するに足るものである。

由来江戸時代においては、大坂三郷における土地家屋の売買は、慶安元年（一六四八）の町奉行所の御触にも、「一、家屋舗売買事、右其町之年寄五人組に相談の上可ニ相定一也。縦売券状在レ之」というも、「年寄・五人組於レ無ニ加判一者、不レ可レ立ニ証文一也」とあって、当事者間の相対ぎめにての取扱いを許さなかった。必ず町年寄に相談して、その同意を経ることを必要としたのであるが、いよいよ売買が成立し、手附金も渡し、家屋敷を授受する一段となると、新規の買主は家屋敷の代金の何分の一かをその町に納めねばならなかった。江戸ではこれを歩一金といい、大坂は銀遣いであるから、これを歩一銀といい、また帳切銀ともいった。

歩一銀

歩一とは何分の一の意、帳切とは水帳即ち土地台帳を張替える意味である。江戸では宝永五年（一七〇八）に百両につき二両、それより以下は従来の通りときまったから、それより以前は二両内外で一定しなかった。大坂では豊臣時代から既に奉行所で、売買価格の四十分の一をとっていたが、徳川氏の直轄になってから二十分の一に増加した。それも矢張り町奉行所の収入に繰入れられていたが、寛永十一年、三代将軍家光の上洛の時に地子銀免除と同時に、その町内の収入に移された。

歩一の制度

歩一の制度は現在の登記法の魁（さきがけ）をなすものということが出来る。

六　延宝の拡張

延宝の拡張

以上の如く鴻池が今橋浪花橋角の土地・建物を買求め、両替店を移したのは延宝二年六月のことで、初代正成六十七歳、二代之宗三十二歳の時のことであったが、ついで延宝六年四月には今橋新宅の西隣に宅地を買求め、増築をなした。この一月には新町の夕霧大夫が死し、また坂田藤十郎が「夕霧」の狂言にて大入をとっている。元禄的な気運の漸くもりあがってくる時代であり、初期門閥的特権商人に代って新興商人のあらわれる時期だったといえる。あたかもこの時期に西隣りの真島安栖所有の家屋敷表口九間裏行二十間を銀高二十七貫目をもって買いたしたのである。

売券状

永代賣渡申ス家屋敷之事

一、今橋二丁目眞嶋安栖家屋敷、表口九間裏行町並二拾間、東隣者鴻池喜右衛門、西隣者鳥飼屋四郎兵衛、右之家屋敷代銀二拾七貫目ニ永代賣渡し、則銀子請取申ス所實正也。右之家屋敷ニ付違亂ノ妨少も無レ之候。若違亂申ス者於テレ有ルニレ之者ハ、判形之衆中罷リ出急度埒明ケ可ク申ス候。爲ニ後日ニ賣券狀、仍テ如レ件。

延寶六年

午四月九日

家賣主　眞嶋安栖　印

隣鳥飼屋　四郎兵衛　印

月行司紙屋　向イ源右衛門　印

同 山田屋　向イ新七　印
天王寺屋　向イ治兵衛　印
平野屋　向イ利兵衛　印

請取金

鴻池喜右衛門殿

請取申ス金小判之事

右者、我等住宅之屋敷表九間口裏行二拾間之所、其方江賣渡し、別紙ニ賣券状仕リ置キ申候。
右之金子者ハ、賣券状ノ之外爲シテ引料ト請取申ス所實正也。爲ニ後日ノ仍テ如レ件。

延寶六年　今橋二丁目
午四月九日　眞嶋安栖　印
家之肝煎　源右衛門　印
同平野屋　利兵衛　印

鴻池喜右衛門殿

真嶋安栖

此の家屋敷の所有主真嶋安栖は、前掲証文にある年寄と同一人で、当時町内屈指の有力者だったらしい。本来真嶋家は尾州真島寺より出で、その祖大一坊良円が延文五年（一三六〇）後光厳院の眼疾を治療しまいらせてより、世々朝廷の侍医として京洛に住居していたが、永禄七年（一五六四）十五代常賢に至って大坂に移り、現在の今橋二丁目に邸を構えた。勿論大坂では一―二といわれる程由緒の古い家柄で、当時「大坂が古いか、今橋が古いか、真嶋が古いか」という俚諺（りげん）が大坂から河内・大和へかけて残っているくらいであった。延宝年間の真嶋家の当主は何人であったか未詳であるが、常賢より数代の後であると考えられる。

七　掛屋としての鴻池

初代善右衛門正成によって創始された鴻池家の金融業は、二代喜右衛門之宗によって堅実に継承せられ、寛文年間には十人両替の一人に加えられ、内久宝寺町より今橋二丁目に移転して、益々業務の拡張をはかったが、掛屋（かけや）としての鴻池屋の名が初めて世間流布（るふ）の文献の上に現われるのは延宝七年（一六七九）刊の『難波雀』

においてであった。即ち同書には、その十一丁左に

難波雀所載の掛屋鴻池

松平伊豫守殿　三十万石 備前岡山

屋敷 中嶋築嶋町

留守居 今西半内

名代 伊勢屋九郎左衛門 天満ほり川

藏本 天野屋利兵衛 志あんばしの浜

同 倉橋屋助三郎 天神橋筋

銀かけや 鴻池屋喜右衛門 今橋まじま丁

と見えている。いうまでもなく『難波雀』は、その後数年にして上梓(じょうし)された『難波鶴』等と共に、江戸時代初期の大坂の案内記であり、書中の鴻池屋喜右衛門が

二代之宗であることはこれまた多言を要しないであろう。

池田綱政

松平伊予守殿（三十万石 備前岡山）とあるのは、当時の岡山の城主池田綱政である。綱政は有名なる新太郎少将光政の子であって、寛永十五年（一六三八）に生れ、承応二年（一六五三）に元服し、従四位下侍従に叙せられ、伊予守と称し、寛文十二年（一六七二）六月封（ほう）をつぎ、正徳四年（一七一四）十月、七十七歳をもって歿した。その間治世四十二年、鴻池屋が『難波雀』に掛屋として記された延宝七年は綱政治世の初期に属した。

岡山藩の蔵屋敷

当時の岡山藩の蔵屋敷はこの書に示す如く中之島築島町にあった。いまの中之島二丁目で、朝日新聞社の向い側であった。岡山蔵はもう一つ綿屋町（後の堀川監獄 いま扇町公園）にもあり、築島町の蔵屋敷は肥前平戸の蔵屋敷と隣りあい、土佐堀川に面していた。

蔵屋敷と大坂

そもそも蔵屋敷は大名・社寺・幕府旗本の武士及び諸藩の老臣が租米その他の国産を売捌くために、商業盛んにして金融の便ある地大坂・江戸・大津・敦賀・長崎等に設けた屋敷をいうものである。由来江戸時代は米遣（づか）いの経済と称せられたくらいで、大名・旗本・一般武士に至るまで、その俸禄は米穀をもって支給され、生活の基準となるものは米穀であったが、貨幣経済の発達にともなって金銀を必要とした関係上、その収納米を中央市場に廻送し、これを売却して、金銀に換えたのである。蔵屋敷はこれが用途を達するために設けられたもので、大坂はわが国における第一の交易場であったから、全国各藩の蔵屋敷が集中するに至った。明暦年間の大坂の蔵屋敷の数は二十五であったが、元禄の頃には九十五になっている。

蔵屋敷の構成

蔵屋敷には蔵役人・名代・蔵元・掛屋・用聞・用達の諸役がいた。岡山藩の例でいうと、大坂留守居・大坂定目付の外、判形・銀方・鍵方・米方・名代の諸役人がいた。判形は切手類の裏判をなし、銀方は金銀の出納を掌り、鍵方は倉庫その他の鍵鑰を保管し、米方は堂島浜に出入して、米払に関する諸般のことを掌った。留守居役と定目付は上方借銀と蔵米処分を行った重役である。江戸時代の諸侯は大坂で蔵屋敷の敷地を持つことができなかった。伊予の松山藩と伊勢の津藩だけが持てたが、他は屋敷地を持てなかったので、表面上は町人の屋敷を借りるという形式にしていた。そのため町人の名をお上(かみ)に届ける必要がある。その屋敷地を貸すという名儀を有する町人のことを名代といった。伊勢屋九郎左衛門が岡山蔵の名代であったわけだ。

名代

蔵元

蔵元は蔵物の出納を掌る役柄で、初めは蔵役人自らがつとめていたが、寛文以後には蔵元を、算勘(さんかん)に明るい町人にさせるようになった。

天野屋利兵衛

思案橋の天野屋利兵衛(理兵衛)は北組惣年寄の一人で、岡山蔵の蔵元と肥後の細川越中守の蔵屋敷の名代になっている。この家は内平野町の浜内、淡路町通り南の角屋敷に、表十五間半奥行十六間ばかりと記され、豪壮な邸宅だったらしい。しかし元禄八年(一六九五)四月に遠慮を仰せつけられ、翌五月に惣年寄を召上げられ、岡山蔵の蔵元も辞したらしい。この人を赤穂義士に関連した仁侠の商人天野屋利兵衛または天川屋義平に擬する人もあるようだが、真偽の程は判らない。

掛屋は銀掛屋とも呼ばれ、蔵物の売却代銀を収納保管し、これを藩地または江戸に送附する役をつとめたもので、本両替その他信用ある商人が任ぜられ、多くの場合蔵元が掛屋を兼務した。鴻池家がその取引関係ある諸藩中において、最初に岡山藩の掛屋を勤めるに至ったのは、同時代において一方に海運業を営み、西国大名特に岡山藩の米穀等をその所有船によって江戸へ回漕した等の関係も与って力があったからであろう。

鴻池家と岡山藩の関係

その後鴻池家と岡山藩との間は、年を逐うて密接となり、岡山藩の旧記によると、寛保元年（一七四一）七月には従来の蔵元倉橋屋藤四郎・天満屋久兵衛の任をとき、新たに鴻池善右衛門（当時は五代宗益）に蔵元を命じている。

また延享五年刊の『難波丸綱目』にも、「松平大炊頭備前岡山蔵元今橋二丁目鴻池善右衛門」とあり、それ以来鴻池家は幕末まで引続き岡山藩の蔵元と掛屋を兼務しているのである。

広島藩と鴻池家の関係

元禄二年(一六八九)三月二代之宗は、その子宗利と共に、広島藩浅野家の掛屋を勤めることとなり、銀子五十枚を与えられた。後、鴻池家は同藩の蔵元をも兼ね、この関係は岡山藩同様幕末まで継続した。

八　大名貸の開始

蔵物担保の前借

元来蔵屋敷は諸藩が蔵物の売却によって得た収入をもって藩の財用に充てるために設置したものであるが、時勢の進展と共に、諸藩の財政が次第に窮乏を告げるに至った。蔵物の売却代銀のみをもってしては、到底藩用を賄い切れず、その多くは蔵屋敷の立入り町人より、今後蔵屋敷に積み登さるべき蔵物を担保として、その必要とする金銀を前借するのが常例となった。

参覲交代の制度

大名の財政窮乏の原因として、とりわけ参覲交代の制度があった。このため大名は二個の住居を持つことを余儀なくされたし、その交通費と江戸滞在費とは莫大であり、その費用のすべてを、自ら鋳造発行の権なき金銀をもって支出せねばならなかったのである。そのため打開策として、或いは倹約政策をとり、また歳入の増加を考えて、検見法をやめて定免法を採用した。四公六民の租率をやめて五公五民にしたり、年貢の早納や先納を命じ、家臣の禄をへらして半知とか御借上とか上げ米とかいうことをしきりに行い、また藩札を発行して、その危急を救おうとし、国産を奨励したり、新田を開発したり、一生懸命に打開策を講じたのである。それでもなお追付かぬので借金をした。半知のように臣下から借上げることもあったし、更に領内の百姓・町人から借入れることもあったけれども、更に進んでは大坂の町人から借入れたのである。そこで蔵元・掛屋をつとめるような町人はいずれも大名貸をなし、遂には十人両替は勿論、本両替の大半は大名貸をもってその営業の本体とするようになってしまった。

上げ米

国産奨励

大坂よりの借入れ

大名貸

本両替の業務としての貸出には大名貸と商人貸の二つがあったわけだ。大名貸は十人両替を始めとし、大両替の専業で、信用貸には相違ないが、秋季廻米の売上高から返済をうける約束であった。これに対し商人貸の方は信用が基礎で、常日頃取引ある商人に対してこれを行ったものだ。

諸藩の財政は江戸中期以後において特に著しく窮乏化するが、その初期においても窮乏の兆は随所にあらわれていた。即ち熊沢蕃山はその著『集義外書』（宝永年間）に、「今は大名・小名共に武士たるもの、借銀多からざるものはまれなり」と記し、また『大学或問（わくもん）』に、「諸大名・諸家中身上不相応の借金にて、すべきやうなければ、つよきと思ひながらも民に取る事年々に多し。此故に民間の借物、分に過て多く、すべて今の世の中は貴賤共に借金のおひ倒れといふもの也。（中略）今借銀高は天下の有銀の百倍にも過べし」と述べている所より見れば、徳川時代の初期より多くの諸侯がその財政窮乏を打開するために借財していたことが判る。また太宰春台の『経済録拾遺』に「昔熊沢了介（りょうかい）（蕃山）が、海内諸侯の借金の数は日本にあらゆる金の数の百倍なるべしといへるは寛文・延宝の年の事なり」とあるのは、この間の消息を物語るものといってよかろう。

鴻池家の大名貸

鴻池家の大名貸は最初天王寺屋五兵衛を通じて行われたものであるが、相当に早い時代から行ったと想像される。しかしながら現在鴻池家に伝わる大名貸に関する最も古い文書は、延宝三年（一六七五）三月二十八日附のものである。

大名貸の最も古い例

前年の延宝二年六月に今橋浪花橋筋角に土地・建物を買いもとめ両替店を移しているのであるから、この頃から両替商も本格化して盛大となり、大名貸にも積極的になったと思われる。

借用状

借用申（ス）銀子之事

銀　百貫目　丁銀新分銅掛也。

右之銀子者、松平大和守為二要用一借用申（ス）所實正也。返辨之定者（メハ）、延實三年卯極月（うごくげつ）（十二月）ゟ（ヨリ）

未極月迄、五ケ年之納崩ニ借用申候。毎年元利加壹ケ年ニ三拾貫目宛、極月廿日限ニ相濟、五ケ年ニ百五拾貫目ニ而皆濟申兼約也。右之銀子内外如何様之急用有レ之候共、定之通無レ滯、急度返辨可レ申候。爲ニ借狀一如レ斯に候。以上。

延寶三年卯三月二十八日

根村源兵衛 印

沼田四郎右衞門 印

鴻池屋喜右衞門殿

添手形之事

一、松平大和守爲ニ要用一銀高百貫目被レ致ニ借用一所實正也。則家老中判形之借狀相渡申候。返辨之定者、壹ケ年ニ三拾貫目宛延寶三年卯ノ極月ゟ未極月二十日限、五ケ年之納崩ニ相濟筈ニ借用申候。縱於ニ此銀子一者、內外如何様之入用有レ之共、家老中へ不レ及ニ尋申一、定之通相渡可レ申候。若當地我々役儀代候共、跡々へ申渡、無ニ相違一様ニ可レ致候。爲ニ後日一添手形如レ斯に候。已上。

延寶三年卯三月二十八日

山口喜三右衛門　印
丸山忠兵衛　印

鴻池屋
　喜右衛門殿

松平直矩

この文書にある松平大和守は、当時の播州姫路十五万石の城主松平直矩(なおのり)である。直矩は直基の子で結城秀康の孫に当り、寛文七年（一六六七）姫路に封ぜられ、延宝年間を経て、天和二年（一六八二）豊後日田（大分県日田市）に転ずるまで、十五年間在城し、父子共に大和守と称した。

これによって見るに、元銀百貫目に対し、毎年三拾貫目宛納(おさめくずし)崩に支払い、五ヵ年で百五十貫目となし、皆済するというのであるから、少くとも年一割以上の利廻りとなり、相当に高利であったことに注意せねばならぬ。

大名貸は果して低利か

大名貸が低利であったとの説をなすものもある。例えば幸田成友博士は、「大名貸の利子は極めて安い。年に三分か四分か、高くて五六分位のものです」

（『日本経済史研究』八〇一頁）といっているが、必ずしもそうとは断定しがたい。海保青陵が『稽古談』に、「皆十年を待たずして、元金はかへりてしまふなり。新規に出す金などは六年程にて元金がかへりてしまふ。それから借入れたる屋敷より利下（さげ）を談ずるなり。扨て元金を取りてしまふも、屋敷の方はまだ元金は丸でかりをるなりと記しているのによっても、その一班が察しられる。「皆十年を待ずして元金はかえりてしまふ」と海保青陵は勘定している位である。

九　熊本藩との関係

鴻池家と熊本藩

鴻池家と熊本藩との関係も相当に古いものである。現に左のような文書が伝えられている。

熊本藩借用の一例

借用申（ス）銀子之事

合金千四百六拾六貫九拾壹匁九分四厘也。

右者、細川越中守依二要用一前ニ借用申處ニ、近年打續キ領内作毛損亡ニ付而、最前申定候通之返辨差支申候故、段々斷迄申入、右之銀辻、從二當暮一者利無にして、拾年程ニ者返辨之筈納得之事候。然上者、内外如何様之差合有レ之候共、無沙汰有間敷候。爲二後日一、仍借狀如レ件。

天和元年十月三十一日

大木織部　花押　印

山名十左衛門　花押　印

有吉四郎左衛門　花押　印

米田監物　花押　印

長岡佐渡　花押　印

鴻池善右衛門殿

この文書にある天和元年(一六八一)は、鴻池家では初代正成七十四歳、二代之宗三十九歳、三代宗利十五歳の時であるが、之宗は既に家督を宗利にゆずっていたので、宛名の善右衛門は宗利を指すのであろう。但しこの文書には「前ニ借用申処ニ」云々とあって、鴻池家と熊本藩との関係が、少くとも天和以前に行われていたことを証明している。即ち之宗時代から行われていたことを示している。

因みに当時の細川越中守は、家祖藤孝より五代目に当る綱利であり、慶安三年(一六五〇)から正徳二年(一七一二)まで、細川家の当主であった。

その他の藩との関係

なお二代之宗の時代に、松平上野介(出雲広瀬藩主)・小笠原修理太夫(豊前中津藩主)・加藤大和守(伊予大洲藩支封か)等との間に取引関係のあったことは、鴻池家に現存する文書によっても明らかである。まだこの外にも諸大名との間に多くの金銀の融通が行われたと思うが、文書の確証あるものは以上の如くである。

第六　三代善右衛門宗利

一　大名貸と諸藩との関係

宗利の相続

宗利の相続は相当に早かったが、当時はなお二代目之宗が生存して実権を握っていた。

しかし元禄六年（一六九三）正月二十六日に初代の正成が歿し（行年八十六歳）、二代目の喜右衛門之宗も元禄九年五月二日に歿している（行年五十四歳）。この時三代善右衛門宗利は三十歳の壮年であった。元禄年代において鴻池と取引のある大名は『鴻池年表』によると三十二藩に及んだという。即ち御立入御金主として取引した藩は尾州・紀州・越前・加賀・薩摩・仙台・熊本・備前・芸州・土佐・阿波・彦根・今津（近江）

取引する大名三十二藩

・桑名(伊勢)・柳河(筑後)・小田原(相模)・白河(陸奥)・藤堂(伊勢亀山)・高崎(上野)・笠間(常陸)・宇都宮・吉田(伊予)・館村(上野)・鯖江(越前)・山形・関宿(常陸)・上田(信濃)・長府(長門)・尼ヶ崎(摂津)・沼田(上野)・岩村(信濃)・高取(大和)であったという。

広島藩の掛屋

鴻池家が二代之宗の時、延宝年間岡山藩の掛屋(かけや)をつとめ、更に元禄に入ってその子宗利と共に、広島藩の掛屋を勤めるに至ったことは前にのべた通りであるが、宝永元年(一七〇四)宗利は改めて同藩の掛屋を命ぜられ、新銀五十枚を与えられた。また宝永六年十二月には、蔵元として合力米三百俵を賜わっているから、この年以前に蔵元を兼務していたことは、想像にかたくない。

高知藩の出入り

更に元禄十四年(一七〇一)十一月には、高知藩の出入りとして蔵米新知二百石を扶持せられた。当時の同藩主は山内土佐守豊房であった。

松平直矩

大名貸は、之宗時代より引続いて行われ、前記熊本藩・豊後中津藩等は勿論、延宝年間播州姫路を領した松平大和守(直矩)は、その後豊後日田に移り、更に出羽の山形に封ぜられたが、その関係は継続された。

徳島藩との関係

元禄年間には新たに徳島藩（阿波）との関係も生じている。当時の藩主は松平淡路守即ち蜂須賀綱矩であった。また徳島藩の家老で淡路洲本（すもと）において一万石を領した稲田九郎兵衛とも、徳島藩の留守居を証人として、貸借上の交渉があった。

稲田九郎兵衛家との関係

なお元禄末期から宝永・正徳へかけて、松平加賀守（金沢前田家）を初めとし、有馬中務大輔（筑後久留米）、宗対馬守（対馬厳原）、大村筑後守（肥前大村）、浅野土佐守（備後三次）、織田山城守（丹波氷上）等十余藩の大小名との取引関係が結ばれている。『鴻池年表』にある三十二藩との関係がそれぞれいつどのようにしてついたかは個別的にはいまだ調査せず不明であるが、三代宗利時代に、以前にまして諸藩との取引関係が密接となり、範囲も拡大したことは確実である。

しかも思慮慎密にして老練着実であった宗利は、一家一門を厳戒して、酒色遊楽に耽ることを禁じ、諸藩役人との間に往々陥り易い情弊をさけて、危険の防止につとめ、堅実なる発展を期したのであった。

二　大名貸の有利性と危険性

大名貸の有利性

前にもいったように大名貸は決して低率ではなく、十年足らずで元金の額に達する勘定になっている。大坂の商人が大名に金を貸したのは利子を儲けるのが目的であって、元金が返済せられるとはもとより考えていなかったとさえいわれている。利子収入が大名貸の最大の利益であったわけであるが、その上に蔵元以下の用達勤務に対して各藩より支給せられる扶持米があった。

扶持米

しかも扶持米は直接貸金の収益ではなく、これとは全然別途の収入であり、毎年経常的に受けるもので、町人の利益は頗る大であったといわざるを得ない。

苗字帯刀

その他その藩当局より苗字・帯刀を許され、武士の待遇をも受けるという無形の利益もあった。もっとも大坂の町人がかかる無形の利益を尊重したかどうかは疑わしいのであるが。

大名貸の危険性

しかし、大名貸は諸藩より積出す蔵物（主として米穀）を抵当として、金銀を融通するものであるから、一見きわめて安全な営業の如くであるが、実際はこれに反し、頗る危険性にとむものであった。それは諸藩の武士が案外狡猾であって、約束を履行せず、中には食言を常套として顧みないものさえあったのである。殊に江戸時代の初期には大小名の改易が頻繁に行われたために、大名貸の危険性は一層甚だしいものがあったのである。

三井家の家訓

三井高房（通称八郎右衛門、号崇清）の『町人考見録』は享保十一年（一七二六）から十八年の間になったもので、京都の富豪が諸大名への貸金・驕奢、もしくはその他の原因によって倒産没落した状況を伝えているが、これによってもいかに大名貸が危険なものであったかが判る。これには元禄前後五―六十年内に、大名貸その他の原因によって破産した京都の富商約五十家のことが記述されているのである。だから三井家では明確に享保七年に、「祖父より大名貸し禁ずる所也」と明文にしているくらいである。大名貸は博奕の如きものであって、もし貸倒れさえなかったならば、これ程有利な利殖方法は他にないことも『町人考見録』上に書かれている。

> 夫レ大名貸の商賣は博奕のごとくにて、始少の内に損を見切ずばそれが種と成、天を動さんとかゝり、借大名の金借り役人・留守居などは、それをおとりにあぢよくいひなし候故、世話にいふ鼠の油揚とやらんにて、終にわなにかゝり、昔より如レ此大損致申候事に候。然らば此借貸は止可レ申事なるに、博奕を打もの始めより負けんとて掛り候者一人も無レ之候。又町人へ取かへ申候得ば、大分の金銀、中々廻りがたく、其上町人身上差支候時は、少々の分散を受取申候て、相手は跡方なく成行故、金銀持ても可レ致様なく、借大名借の金銀約束の通り能く取引有レ之候得ば、何か此上もなき手廻し、人數はかゝり不レ申、帳面一冊・天秤一挺にて埒明、正眞の寢て居て金銀をもうくるといふは此事に候。

とあるが如くであったから、大名貸によって多くの富商を出したことは想像するに難くない。そのもっとも著しい例が鴻池屋であって、高房は『町人考見録』下の中で、特に両替屋中の異数として鴻池屋をあげている。即ち、

> 今兩替の內家も榮ひ(え)、工面よく致し參るもの大坂鴻池善右衛門（親喜右衛門也）、此の

親了信といふ。今の喜右衛門十五六歳にて家督を渡し、上町へ隠居す。喜右衛門随分商人心なるもの、其上親了信へ孝行第一に致し、親も他人へ子の噂をする程の孝行也。喜右衛門廿歳ばかりの時親了信果たり。夫より四十年來家督相續、殊に家業よく勤め、件の孝心の冥加を受候やらん、近年大名貸致候もの、將棊倒しに成行申處、此鴻池は上手に廻し、よくます〳〵身上厚く相成候事、偏に若年より家業にはまり、身上を愼しみ、又孝行の惠みを得て富を得候事、是則天道眼前の道理也。能々心得べきもの也。

と記している。

この書のなった年代は上述の如く必ずしも明白でないが、『日本経済叢書』の解題によると、享保十三年（一七二八）である。かりにこれを正しいとすると宗利六十二歳の時であり、既にその家督は四代善右衛門宗貞を経て、五代善右衛門宗益に譲っていたから、書中善右衛門或いは喜右衛門とあるのは、いうまでもなく宗利のことである。又親了信（二代喜右衛門）が逝去したのは元祿九年（一六九六）宗利三十歳の時のことであるから、この記載には聊か事実において相違があるが、それはそれとして、同時代において多数の両替商が踵を接して大名貸にて倒産した中にあって、鴻池家が如何に家業に精励し、よくその基礎をかためたかが判ろう。

三　大名貸の神文手形

なおこの時代の大名貸の証文中において異彩を放つものは、元禄七年五月豊前中津藩主小笠原修理太夫の家臣より発せられた『神文手形』であろう。その内容は次の如くであった。

神文手形之事

一、小笠原修理太夫殿江、其方肝煎を以賄銀其外諸事入用之銀相調給候。就夫此節京・大坂ニ而銀子才覺仕候處不調ニ候。貴殿下地大分肝煎銀有之候得共、又候難調時節肝煎給候上ハ、其方肝煎之銀子猶又古借銀・年賦銀、就中自今以後肝煎給候銀子、返濟之儀無滞、内外如何様之儀候共、元利共ニ少も斷不申、急度可致返濟候。向後貴殿肝煎之銀子毛頭疎略仕間敷、右之旨趣修理太夫殿江委細申達、我々神文ヲ以相定申所、少も偽無レ之候事。

右前書之通少にても於レ致ニ違犯一は、日本六十餘州大小神祇・熊野三社大權現・住吉大神宮・八幡大菩薩・春日大明神・稲荷・祇園・加茂上下・吉田・松尾・平野・鹿嶋・香取・天滿・大自在天神・白山・愛宕摩利支尊天・當所之鎭守氏神奉レ始、大社・小社神罰・冥罰罷蒙、永劫斷ニ武道一、佛神雖レ爲ニ祈願一不レ可レ叶。仍起請文如レ件。

元祿甲戌四月晦日

小笠原修理太夫内

小田甚五兵衛　花押血判

佃　喜右衛門　花押血判

齋藤郷左衛門　花押血判

二木彌右衛門　花押血判

小嶋與右衛門　花押血判

鴻池善右衛門殿

銀主衆中

（継紙）――――――

右神文之旨趣、家老小嶋與右衛門・二木惣兵衛・二木彌右衛門幷齋藤鄉左衛門・小田甚五兵衛、書判・血判少も相違無レ之候。右前書之神文、連中仕上ル我等も同事、於二此銀一自今以後古借年府銀、尤其外之銀子毛頭相違仕間敷候。於レ致二違犯一ハ、本文之通日本六拾餘州之大小之神祇・八幡大菩薩・愛宕摩利支尊天・氏神之神罰・冥罰可二罷蒙一候。爲二後日ノ證一奥書起請文、仍如レ件。

元禄七年戌五月十日

小笠原修理太夫
大坂留守居
四宮八郎兵衛　花押血判

鴻池善右衛門殿
銀主衆殿

神文の二つの部分

神文というのは起請文中の一種であって、大体二つの部分よりなっていた。一は誓約の内容事項を記した本文即ち前書であり、一はその誓約に違反した時、神

起請文の神文

罰・冥罰を蒙るべき神仏名を列記し、署名・血判したものである。この形式は鎌

倉時代に貞永式目が制定せられ、これが世に布かれて以来、その末尾に附された起請文の神文に、「梵天帝釈・四天王、惣日本国六十余州大小神祇、別伊豆・箱根両所権現、三島大明神・八幡大菩薩・天満大自在天神・部類眷属神罰・冥罰各可二罷蒙一也」とあるのが代表的なものとなった。そして鎌倉時代より江戸時代に及び、広く武士の間に取交わされ、後には一般町人の間にも行われることになったのである。

この小笠原修理太夫の家臣より当時の鴻池善右衛門即ち三代宗利にあてた神文手形は、その前文において、修理太夫はかねてより鴻池の肝煎で賄銀その他入用の銀子を調えていた。しかもなお入用の事があったので、京・大坂で才覚しようとしたが不調に終った。そこでいま一度銀子の肝煎を鴻池の手で願いたい。そうするとこれまでの肝煎の銀子、又古借銀の年賦、就中今後肝煎のうけた銀子は如何ようの儀があっても、元利共滞りなくきっと返済すると記し、ついで「日本六十余州大小神祇」云々の神文を附し、家老以下が署名・血判し、更に保証の意味をもって大坂蔵屋敷の留守居が同様署名・血判しているのである。

町人間に用いられた神文の例

従来神文は武士の間に取交わされたものであって、一般町人との貸借関係においてこの種のものがあることは珍しいのである。しかも一面より見れば、当時において既に諸大名の財政がいちじるしく窮乏していて、余程手を盡さねば金銀の調達が至難であったことを物語るものである。

牛王宝印

なお神文の用紙は初めは白紙を用いていたが、後にはその神秘的効果を増大するのに、牛王宝印（ごおうほういん）と称して神社・仏寺から出す一種の祈禱札の裏面が用いられ、就中（なかんづく）世間士庶の中で最も信仰の厚かった熊野三山の牛王宝印が一番多く用いられたのであった。もっともここに挙げた神文手形には、普通の上質の白紙が用いられ牛王宝印は用いられていない。

熊野三山の牛王宝印

なお鴻池家ではその一族並に別家・手代等よりも時には神文が差入れられてい

る。

四　町人との取引

町人との取引

鴻池屋は諸藩との取引を大いにやっているが、両替屋として一般町人との間の取引をもしていた。両替屋が預金をとったり、預り手形・振り手形を出したことは前にものべたが、大名貸の外に商人貸をもした。この場合、小両替屋は何か担保をとったが、大両替屋は担保貸を潔（いさぎよ）しとしなかった。両替屋が金相場記入のために取引先に手代をやるのは、一方からいえば取引先商店の営業状態の視察をするためでもあった。

商人貸

江戸時代の送金には現金と為替とがあったが、その大部分は為替を組んだ。江戸為替は大坂商人が江戸商人に対し貸勘定となっているのを、大坂町人から在府の諸侯に対する貸附けに充（あ）てるのである。それで両替屋は為替の出合に常に注意

為替

江戸為替

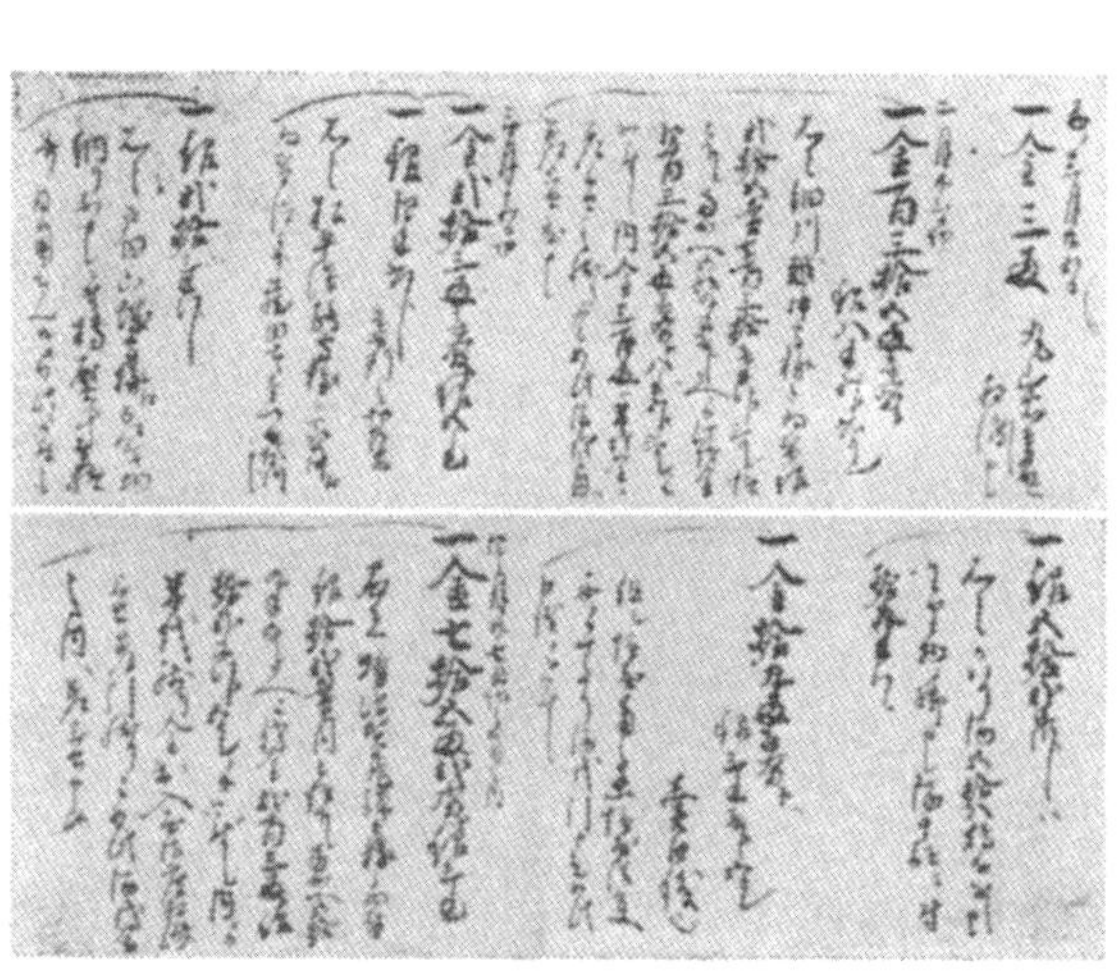

江戸為替の文書

（為替銀の事例。寛文10年戌年酒仕切目録による。大名貸と酒代とを差引いたものである。）

し、必要に応じて北浜の金相場会所でこれを買入れ、一方では江戸両替屋に買集めた為替手形と案内とを出した。そうすると江戸の両替屋は大坂から送って来た手形で江戸の町人から取立て、また江戸の屋敷では送金為替の到着をまって、これを振宛てられた両替屋に通知して正金と引替を命じた。もし正金が入用でない場合には両替屋に預けておいた。これが両替屋の利益である。

為替の帳尻勘定

為替の帳尻勘定は三月・五月・七月・九月・十二月の五度で、帳簿の写を交換し、差引残額は次季へ持越す習慣であった。

逆為替

もし大坂の商人が江戸への売掛代金を大坂に取寄せたい場合には、大坂の両替屋に頼んで逆為替を組んだ。

預金振替

両替屋はその商人を信用すれば直ちにこれを預金に振替えた。もっとも信用不明の時は江戸で取立て済み後に依頼者の要求に応じた。

殿村平右衛門の創始

通説によると江戸為替は享保八年（一七二三）に米屋（殿村）平右衛門が創始したものだと伝える。この方法は本両替が一般になす所であって、鴻池屋もまたこうした業務をやったわけである。

鴻池屋は大名貸を主としてやり、三井家は大名貸を原則としてやらぬ方針であったが、三井も矢張り大名貸を若干はやっており、鴻池とてもその生成期には町人貸をむしろ多くしていたのである。

鴻池の町人貸

鴻池家でも中井信彦氏の研究によると、生成期たる寛文十年（一六七〇）の資産構成において商人貸が一九三貫八四一匁で、全体の五九・三%、大名貸は六二貫六〇匁で、一九%となり、商人への貸附が圧倒的優位をしめている。この商人貸は大坂の問屋商人と同業たる両替商とが貸附の主たる対象をなしていた。このことは鴻池といえども大坂の問屋商業の成立・発展を基礎として致富をなしたことを示している。

貸金の利息と為替打歩

しかし寛文十年以降は貸金利息と為替打歩(手数料)によって資産を累増したもので、貸附の内訳では急速に大名貸の比重を大きくしていったわけである。

大名貸商人の性格

宝永元年(一七〇四)度には大名貸の貸残高は約一四、八七五貫にのぼり、総資産の七三・五%を占め、寛文度に比して商人貸の比重とその地位を逆転している。このようにしてこのころ、すなわち宗利のころから鴻池家も大名貸商人としてはっきりしたものとなったのである。(中井信彦『商人地主の諸問題』明治維新と地主制)

五　捕鯨業への貸銀

捕鯨業への貸附

以上の如く大名貸を主としていたが、一般貸附・町人貸もないことはなく、その中でも興味のあるのは土佐の捕鯨業者との間の貸借関係である。捕鯨業者がその漁具に用いる網苧(あみお)を買得して、代銀を支払うに際し、苧屋の添手形を附けて、漁獲を得るに至るまで、鴻池家より融通をうけた事実の存することである。

網苧

麻苧仲間

元来大坂には苧の取引を専業とするものがあり、これを麻苧仲間と称したが、また別に船具商があって、やはり麻苧の取扱いをしていた。

麻と苧

麻と苧とはその元は同一であるが、東国に産するものを麻といい、西国に産するものを苧と呼んだ。もっともその製法に至っては聊か異なり、東国は原料たる苧を刈って釜で蒸して製し、西国はこれを水に浸しておいてその破れるのをまって製した。従ってその苧の性質も異なり、東国苧は曳くに力を持ち、西国苧は水及び摩擦に強かった。西国苧の中でも有名なのは日向産で、日向苧として聞えていたが、その多くは船具として用いられた。地勢の関係上、大坂での取引は、西

東国苧と西国苧

国苧が多かった。

津呂と浮津集落の鯨組

土佐国（高知県）室戸岬に近い所に、津呂及び浮津と称する集落がある。共に岬の西北に当っていて、古来捕鯨を以て有名であり、ここには浮津・津呂両鯨組があった。捕鯨のためには船具の一たる網苧の需要が多かったわけであるが、その津呂の多田吉左衛門と浮津の宮地武右衛門とが、大坂の苧屋藤兵衛から都合五回に亘って網苧を仕入れ、その代銀のためにそれぞれ手形を渡し、藤兵衛はその手形に自身の添手形を附して鴻池屋から借銀したのであった。

支払猶予の手形

それは元禄六年（一六九三）のことで、鯨の大漁があれば、右両人は一時にでも全部返済する心算（つもり）であったが、事実はそううまくいかず、大漁がなかったと見え、元禄九年には浮津の宮地武右衛門代喜右衛門から支払猶予の手形を出している。

また津呂の多田吉左衛門は、元禄十二年、代銀五十七貫九百四拾二匁七分を四十七貫目に減額し、毎年二貫三百五十匁宛二十ヵ年賦に支払うという一札を入れている。

捕鯨業者の一札

この文書によって、彼等捕鯨業者の借銀が予定の如く返済されず、減額のうえ年賦償還となったことが知られるが、それにしても「尤大漁仕候はば右之銀高壹ヵ年にも相済し可ㇾ申候。万一大漁隠置候はば可蒙神罰候。若又無漁仕候はば、右二貫三百五拾匁も得相渡申間敷候間、御了簡被ㇾ下筈に御座候」云々とあるのは如何にも人を喰った申分であり、漁運を天にまかせる捕鯨業者の面目躍如たるものがある。それと同時に、彼等の経済生活の一面も窺われて興味深いものがある。その宛名は鴻池屋伊兵衛と庄助となっているが、共に当時の鴻池屋の手代であった。なお鴻池屋にはこの種の文書数通が現存している。

六　神仏への寄進

稲荷祠

鴻池家は始祖幸元以来神仏を崇敬すること極めて厚く、既に摂津伊丹（いたみ）在鴻池村において酒造業を開始した際に、邸内に稲荷祠を建て、一族のものをして日を定めて参拝せしめたくらいであるが、初代正成・二代之宗の何れもその遺志を奉じ、常に神仏を崇拝し、社寺への寄進を怠らなかった。

いま鴻池家に現存する文書によると、二代之宗の時代には生玉・愛宕等に対し、燈籠や金子の寄進を行っている。

生玉

法安寺本堂

この文書に当地本堂とあるのは、生玉南坊、即ち生国魂神社の神宮寺であった法安寺の本堂を指すものである。法安寺はもと生国魂神社の境内にあって、神社を管理していたものである。『摂津名所図会』によると神社本殿の西に本地堂と見え、生玉明神の本地仏即ち薬師如来、及び両脇侍を安置した堂であった。

その後宝永三年（一七〇六）に三代宗利は石燈籠二基を寄進し、正徳五年（一七一五）には、本地堂修覆費、享保六年（一七二一）・天明三年（一七八三）両度には本社修覆料助成金を寄附しており、鴻池と生玉との関係の密接なることを示しておる。

愛宕権現

また愛宕権現をも信仰していて、二代之宗はその子宗利と共に、延宝七年（一六七九）・同九年にそれぞれ燈籠五基と銀子五拾枚宛を寄進している。延宝七年は之宗三十七歳、宗利十三歳であった。また教学院よりの書牘（しょとく）によって、延宝九年十五歳の宗利が父に代って社参し、之宗自身もまたその年に登山したことが知られる。

愛宕献燈

また鴻池家は天和元年（一六八一）に燈籠七基、貞享四年に五基を献じた。之宗は元禄九年に卒したが、その後は宗利一人で献燈が続けられ、元禄十二年に五基、同十五年に七基、宝永三年に十基、同四年に十一基を寄進し、之宗・宗利両時代を通じて鴻池家の愛宕献燈は都合五十五基に及んでいる。もって同山に対し如何に信仰が厚かったかを徴することが出来る。

吉野子守明神

三代宗利は女子四人を挙げたが、三十歳をこえるまで男子の出生を見なかったので、自ら吉野に至って子守明神に参詣し、後嗣を得たい旨を祈願したところその霊験がいちじるしく、元禄十一年（一六九八）には一子善次郎（四代宗貞）が生れた。その後宝永元年（一七〇四）に至り、宗利は子守明神に永代常燈三基を寄進した。

鴻池新田内の神宮

後述の如く宝永二年四月に三代宗利は鴻池新田開発に着手し、八月に会所を設立するとその地面内に神宮を建立し、神宮の御神体を勧請して、九月十八日に正遷宮が行われた。勧請に周旋したのは伊勢山田の御師三村梶助太夫であった。当時三村太夫は山田の宮後町に位し、御師としては旧家であり、その羽振りもよく、大坂方面を担当していたものである。

神宮への常燈明料

この三村太夫は引続いて神宮当局と鴻池家との間を取りもったものの如く、翌宝永三年三月には鴻池家より神宮へ常燈明料を寄進し、宗利歿後の元文三年（一七三八）にも同様の寄進をなしている。ともに三村太夫の取りなしであった。宝永四年正月新田の開発がほぼ竣工すると、四代宗貞が父宗利に代って伊勢参宮をした。

内宮の法楽舎

なお伊勢の内宮には法楽舎と称するものがあった。これは中世以降内宮に法楽を捧げるため仏徒によって建立されたもので、その堂宇の中心は明平院護摩堂と称し、真言宗の寺院であった。鴻池家においても法楽舎の役僧秀宏を介して、神宮に常燈明料を寄進し、宗利父子の息災延命・家門繁昌を祈ったことが当時の文書によって知られる。

伊勢に対して常燈明料を寄進した宝永三年三月には、また江州多賀の大社に対しても石燈籠一基と常燈明料を寄進している。

七　岡山藩の江戸漕米

延宝四年に西国大名、とくに岡山藩の回漕にあたったことは前にのべたが、この関係はつづいていた。即ち旧岡山藩の記録によると、

岡山藩の回漕

正徳五年乙未十一月御國船にて米運漕の節、運賃鴻池並に被レ下度旨船頭より相願、因て鴻池運賃より五分下りに被レ下旨命令、但鴻池運賃の定左の如し。

一、米相場五拾目より内は壹石に付四匁五分。

一、米相場五拾目より六拾九匁までは壹石に付五匁五分。

鴻池船と御国船

一、米相場七拾目より九拾目までは壹石に付七匁。
一、米相場百目より百二拾九匁までは壹石に付九匁。
一、米相場百三拾目より上は壹石に付拾壹匁宛。

とあって、正徳年間に至ると岡山藩の江戸漕米は鴻池船と御国船（藩地内の船舶）との二種によって行われ、御国船々頭より出願があり、その運賃が鴻池船の五分下りに決定したことが判る。

さらに享保七年（一七二二）七月岡山藩船奉行よりの達しには、

江戸へ大廻り船に被レ遣御米、向後は鴻池船と御國町在之大船共に、年中之御廻米半分づつ二三年之中も先御積せ被レ成、西方之模様次第に被レ成、其已後之儀者又其節御下知有之筈に候。但御家中積荷運賃之儀相對候様に先頃は申渡候得共、登り下り共前々之格可レ有之條、先格之通に急度可ニ申付一候。已上。

享保七年寅七月九日

岸　藤右衛門

梶浦丈右衛門

鴻池船と御国船とで半分宛

とあって、此年に岡山藩の江戸漕米は、鴻池船と御国船と半分宛に分けて積載することになったのであるが、翌享保八年六月に至り、「右大廻り船鴻池船と御国船と御ためし被レ成候処、弥〻御国船諸事念入、乗廻し等宜シキ由に付」云々の理由により、鴻池船の利用を禁じた。そして御国船のみによって漕米をなすことに決し、その旨船奉行より通達する所があった。

このように鴻池家と岡山藩の関係は二代之宗の時代より三代宗利・四代宗貞の時代に至るまでつづいたわけである。

八　海運事業と鴻池船の役割

手船百余艘

鴻池家の海運業は始祖幸元により寛永二年(一六二五)始められ、初代正成も大いにこれに当ったことは前述の通りであるが、従来引きつづき発展し、あるいは岡山藩の漕米をなし、三代宗利の時代、元禄年間に至ると手船百余艘を有し、随分手広く営業するに至り、江戸の呉服町に出張所を設けるに至った。

伝法の小早

ここでちょっと当時の海運、殊に江戸・大坂間の海運についてのべておこう。寛永以後大坂に菱垣(ひがき)廻船が多くなったことをのべたが、別に万治・寛文頃から伝法の小早があった。しかしこの方は未だ勢力が弱かった。しかも当時は商業上の組織が未だ具備せず、組合もなかったので、運輸の実権は廻船問屋及び船頭にあって、荷主の蒙る損害も少なくなかった。例えば貞享三年（一六八六）小松屋仲右衛門の手船は上方より荷物を積んで江戸へ下る途中、相州沖にて難風に逢い破船した由を江戸の船問屋利倉屋三郎兵衛方に通知し来ったので、荷主が会合して取調べた所、船頭の私欲のため、斧をもって船底を打割り、荷物の過半を盗み取ったとの風聞があった。しかしながら諸商売問屋間に平素の交際もなし、詮議相談の世話役もなく、すべて船問屋に任せてあるため、これを取調べるにも方法がなかった。その後この弊害はますます甚だしく、少々の難風にも船頭・水夫と浦方のものが共謀して荷を盗み取り、あるいは荷物の数を減少しなくても中味を抜取るなどのことがあった。

荷主の組合

そこで江戸通町仲間の大坂屋伊兵衛なるものが、この状況を見るにしのびず、元禄六年（一六九三）に発起人となって、荷主の組合を作ろうとし、元禄七年橘町の惣助という家に荷主の参会をもとめた。会するものは本船町の米問屋鎌倉屋・桑名屋・山口屋・松葉屋、呉服町の酒問屋鴻池吉兵衛・同惣右衛門・同五兵衛、通町の畳表問屋全部、大伝馬町の綿問屋磯屋・紙屋、本町の紙問屋山中・高田、同町の薬種問屋駿河屋・小西、室町の塗物問屋楠見・八木・日光屋、同町の小間物諸色問屋全部である。その後屢〻参会を重ね、日本橋の釘屋衆中にも加入をすすめ、十組（とくみ）と称する荷主の組合を組織した。

十組

十組とは塗物店組・内店組・表店組・薬種店組・通町組・川岸組・綿店組・紙店組・釘店組・酒店組の十個の組であって、大坂と取引ある江戸の問屋の大部分

内店組

を網羅し、その取扱う商品の種類も十種に限られたわけではない。例えば内店組に加入しているのは絹布・太物・繰綿・小間物・雛人形等数種の商品を取扱う問屋であった。もとより一軒の問屋にして二種以上の商品を販売するものもあったけれども、十組とは十種の問屋の組という意味ではなくて、大坂より来る商品を取扱う問屋の大部分を網羅して、これを便宜上十組に分ったものであった。そして各組に行司または大行司をおいて、難破船の分散勘定、船手に関する一切の支配、菱垣廻船往来に際し、船足・船具の検印等を掌どらせることにしたが、当時大坂屋がもっとも苦慮したのは、江戸・大坂の廻船問屋がこれによって従来の利権を剝奪されることを厭い、十組問屋の積荷を拒絶するに至ることであった。

鴻池屋の保障

ここにおいて大坂屋伊兵衛は呉服町の鴻池の出張店三家に赴き、内談して大坂の鴻池本家の援助をもとめたところ、鴻池家はこれを快諾し、万一の場合には手船百余艘を出して十組問屋を援助すべく、更に不足の場合は百五十艘を新造すべしとの保証を与え、契約のため手代一人を江戸に下らしめた。

大坂屋は有力なる後援者を得たので、廻船問屋に対する交渉もまとまり、以来両地間の海上運送に伴う紛擾（ふんじょう）を除くことが出来た。

十組問屋の盛大

十組問屋は菱垣廻船問屋をその支配下におき、水難の際の分散勘定、十組問屋関係以外の荷物、すなわちいわゆる脇荷物についての取扱いをすべて十組の掌中におさめたのみならず、遠江国（静岡県）今切以西において難破した際の分散勘定は従来大坂においてなしたが、これをも江戸にてなさしめることにした。このようにして菱垣廻船従来の弊風は大いに改まり、元禄九―十年頃より後は難破の損害も減少し、廻船の数もまして、江戸・上方間の海運を大いに発達せしめた。伊兵衛の盡力の大なるはいうまでもないが、この場合鴻池家の保証があずかって力があったといわねばならぬ。これによっても当時の鴻池家が江戸・大坂間の海運業者としていかに重要な地位を占めていたかが想見されるであろう。

鴻池家の地位

鴻池家海運業の廃業

このような海運業は、三代宗利の時から四代宗貞にまで及んだのであるが、前述した如く、岡山藩との交渉の断絶した享保年間には漸次縮少せられたらしい。またますます金融業に専心するようになって、自然海運業の方は廃業したらしいが、これはいわゆる private carrier の時代から common carrier, public carrier の時代に移りつつあり、少なくとも江戸・大坂間の海運は独立した海運業者に托するようになり、手船運送の要を見なくなったからであり、また鴻池屋が醸造業としての生産方面をやめたからでもあろう。

三種の船頭

江戸時代の船頭には次の三種があった。(一)船主・船長・商人の三者を兼ねるもの、即ち自己所有の船舶に乗組み、自ら商品を買入れ、積込み、これを操縦運送して隔地間の商業貿易に従事するもの(自己運送者 private carrier)。(二)船主・船長を兼ねるもの、自前(じまえ)船頭即ち自己所有の船舶により、荷主から委託をうけた荷物の回漕に従事するもの(他人運送者 public carrier)。この場合しばしば上乗(うわのり)をのせた。(三)純然たる船

上乗

買積船

長。(一)は所謂買積船で、その名の示すように商人が商品を買入れ、これを自己所有船に積込み、運送し、販売する場合をさす。

賃積船

賃積船とはこれもその名の示すように、運賃の収得を目的として他人または他人の貨物を運送する場合をさす。買積船よりも賃積船がおくれて発達したものであるが、徳川末期までなお買積船が多数を占めていた。北前船・赤穂船・尾張船・塩飽船は買積船の代表であり、菱垣廻船・樽廻船は賃積船の代表である。また城米・蔵米の廻船も賃積船に属した。諸藩の自給自足の体制が崩れてから、大坂・江戸に輸送処分する藩米の数量が年とともに増大してゆき、諸藩がその所有船で運漕することが出来なくなると賃積船に托した。鴻池船はこうした藩米を運送する賃積船であったのである。元来それは手船をもって自己の清酒を運送した自己運送者 (private carrier) であったが、ここに他人運送者 (public carrier) の要素をも加えたのである。灘の辰馬両家・嘉納・千足・河東等も鴻池に相似たものであったと考えてよい。

ところが一方にまったく賃積船（public carrier）として成立した菱垣廻船問屋があった。また同じ性格の樽廻船も抬頭する。

一方積と洩積

しかし前述の如く元禄七年に江戸に十組仲間が組織される。そして船手に関する一切は十組仲間が統理するに至る。十組問屋が菱垣廻船問屋を支配する優位についたのである。そして共同の出資をもって船舶をつくり、その新造・修繕ともに仲間一同の負担として、これを菱垣廻船問屋に委託することとした。そこでいまや廻船問屋は単なる海運業務を技術的に担当する機関となり、反対に荷主仲間は船舶の所有から運航・用役に至る全部をその掌中に収め、運送上の利益を独占することになったのである。商業資本の株仲間的独占は菱垣廻船の運送形態を他人運送からむしろ自己運送へと逆転せしめたのであった。菱垣廻船は「一方積」一的制限によって自らを保守しようとし、これに対し樽廻船の方は「洩積(もれづみ)」の範囲を拡大していった。菱垣廻船に積込むことを原則としていた荷主の仲間が秘かに樽廻船に托送するに至ったことを「洩積」という。同じく賃積船であっても、より多く他人運送形態に徹していたのは樽廻船であったといわねばならぬ。これに対し菱垣廻船の方はいわば半他人運送形態をとるに至ったのである。

それはともかく、以上の如き菱垣・樽廻船の発展によって、鴻池船の如きは既にその役割を失い、むしろそれをすてて利貸資本としての活動の道を専らにするに至ったと思われる。

九　今橋本邸の拡張

鴻池家では貞享二年（一六八五）十二月に、今橋二丁目北側鳥飼屋善兵衛所有の家屋敷表口七間半、裏行二十間を、銀高三十貫目をもって買得した。当時は既に二代喜右衛門之宗が隠居し、三代善右衛門宗利が家督を継いでいたので、売買証文にその名が見えるのは当然である。

鴻池屋の今橋本邸は延宝二年（一六七四）の両替商開店以来、延宝と貞享の両度の拡張・増築によって、大体今日の結構になったものと考えられる（口絵参照）。もっとも貞享買得の鳥飼屋善兵衛所有の今橋二丁目北側屋敷の西隣には、紙屋甚右衛門の屋敷があって、通りには面していなかったものの如く、奥行はいずれも二十間町並であるが、間口は最初は九間、次いで九間、七間半と前後三回に亘り、二十五間半に延長された。これは安政三年（一八五六）の地図で判る。その都度多少の模様替はあったとしても、これによってほぼ今日見るところと大差なきに至ったものであろう。また十間半間口の隣地を後になって買入れ、合せて総計間口三十六間となり、天保年間に再建された。いまは美術クラブになっている。

本地附近

上述の如く延宝二年内久宝寺町の本地より今橋二丁目に移転した後も、本地の旧邸はそのままに存し、二代之宗は晩年ここに隠居した。そして三代宗利の時代

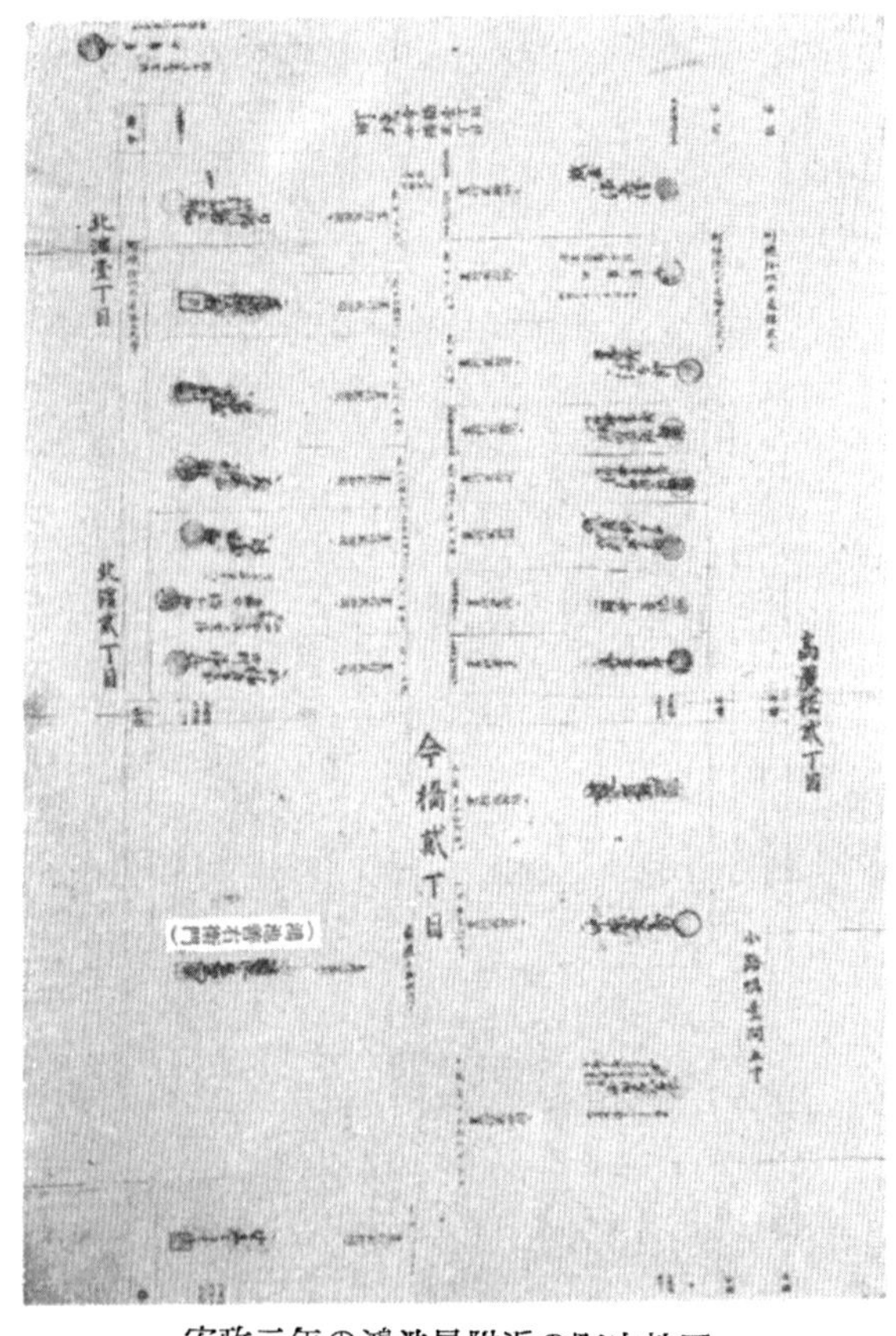

安政三年の鴻池屋附近の町内地図
(貼紙されているから幕末の有様を示す。鴻池本家の間口は三十六間になっている。)

には、更に附近の地所を買求め、屋敷の拡張につとめたのであった。即ち鴻池家に現存する文書によると、今橋移転前、寛文五年（一六六五）四月には、内久宝寺町の北西角を升屋源兵衛より、その西隣で旧邸の東隣に当る所を深江屋惣兵衛より一時に買得し、ついで寛文八年には樽屋弥兵衛より内久宝寺町南側を買得しているが、移転後十余年を経た貞享五年（元禄元年）にはその北側の家屋敷を河内屋吉右衛門より買得し、之宗歿後の元禄十六年（一七〇三）にはその西隣の地を鴻池彦七より買得している。

京町堀と海部堀

天満九・十丁目

その他の方面においては元禄二年に京町堀四丁目及び海部堀川町の屋敷を和泉屋次郎右衛門より、同九年には天満九丁目及び十丁目の屋敷を倉橋屋庄兵衛よりそれぞれ買得し、また翌十年には先に倉橋屋より買求めた所の隣地を荒物屋甚兵衛より買得している。

中之島

なお鴻池家では元禄十二年に、中之島常安裏町の屋敷を木屋五兵衛より、同十六年には難波橋筋の東南角を扇屋五兵衛より、宝永元年（一七〇四）には平野町一丁目の屋敷を川崎屋源兵衛より、享保三年（一七一八）には難波橋筋より西の屋敷を天王寺屋作兵衛よりそれぞれ買得している。ともに三代宗利在世中のことであった。

瓦屋町別邸の土地

また享保九年九月には、瓦屋町天神橋筋東側即ち現在の瓦屋町別邸所在地を、同族鴻池屋又右衛門及び又一郎より買得している。これは大坂における空前の大火妙知焼後六ヵ月を経た時であるから、この土地はまだ再築されず、宅地のままか仮小屋であったろう。

鴻池屋は酒造業で基礎をすえ、ついで海運業に携わって漸次鞏固になり、その後は両替屋として発展したものであるが、それと共に市内の土地を買得し、更には新田の開発にまで進んだもので、このような資本の運動法則は、江戸時代においての常道であったといってよい。鴻池屋はその最も典型的な例であるといえよう。

一〇　三代宗利とその一族

宗利の二男四女

三代善右衛門宗利には二男四女があった。その室は京都の三井三郎衛門浄貞の娘で、早くより二代喜右衛門に養われ、幼名を千代鶴といい、のち千代と改めた。温良貞淑よく夫宗利に仕え、内助の功が甚だ多かった。千代は寛延四年(宝暦元年)(一七五一)八十三歳の高齢をもって歿し、法名を瑞淵珠光大姉と称え、顕孝庵に葬られた。

四代目善右衛門宗貞

落髪して宗羽と称す

長男宗貞は初名を善次郎といい、元禄十一年(一六九八)に生れ、のち家督を相続して、四代目善右衛門となったが、晩年は落髪

四代目宗羽(宗貞)の肖像

四代目宗羽（宗貞）の筆蹟

喫茶喫食
四十余年
不レ借二他力一
歸二第一義一
喝
たけにけり　この世は仮の
なが宿に
来しかたおもふ
夢のうき橋
纎塵齋
月日　宗羽

して宗羽と称え、なかなかの風雅人であった。

家業を宗益に譲る

早く家を嗣子の宗益（宗矩居士）にゆずり、引退して善右衛門、練磨斎と号し、京都四条、八坂に別業を構え、屢〻この地に往来したが、享保十五年家業を宗益にゆずってからはこの別業に住んでいた。延享元年（一七四四）九月八坂の別業で剃髪し、

宗羽の死

翌二年春以来病にかかり、十月二十三日四十八歳をもって歿した。

なお宗貞の室は隆といい、京都の亀屋源太郎の娘であった。享保四年（一七一九）僅

宗羽の人柄

かに二十一歳で歿した。

四代目宗羽居士（貞宗）は人となり玲瓏、頗る円満で、下に対しておごらず、特に

宗羽と地唄

詞藻に長じ、歌詠あり、興到れば地唄の作をなした程で、『歌曲温習考』に宗羽の作として五種の地唄が残っている。だから糸竹の道（音楽）にも巧みで、つとに継

宗羽と茶道

橋検校を師として多年これを練習したという。就中その志を致したものは茶道で、

山中道億

如心斎の門弟として奥儀に達した。この頃一族に山中道億があって、茶道に精しく、珠光の伝を究めた人であった。宗羽はその子宗益宗知居士（洗耳斎）と共に斯道の友としてまじわり、且つその道具鑑定に精しいため、宗羽・宗益の父子は道億によって多くの名器を蒐集することが出来た。鴻池家に伝わった多くの道具はこの時代に蒐集されたものが多い。

山中道億は新六幸元の長子、善兵衛秀成のあとで、元和七年（一六二一）大坂和泉町に一戸を構え、醸造に従事した家の筋である。善兵衛秀成は晩年は江戸に移り、

住友友昌

寛永二十年(一六四三)その地に歿した。その子秀重通称津右衛門は、のち善兵衛と称した。その長子を弥三兵衛といったが、これが即ち道億居士である。風流をもって知られ、茶器・骨董(こっとう)の鑑定をもって鳴った。住友には当時友昌がいて風流を事とし、この三者の交遊があったので知られている。道億は元文元年(一七三六)九月、八十二歳をもって風雅の一生を終った。

次男新六

三代目宗利の次男は新六である。この人は二代喜右衛門之宗の弟五郎兵衛丹次の後を継いだが、享保十八年(一七三三)二月二十九日に歿した。

女子長・益・喜世・津世のうち、長は山中小右衛門(道順)へ嫁し、のち品と改め、明和九年(安永元年)(一七七二)七月二十八日に卒し、喜世は元禄五年(一六九二)五月五日早世し、津世は日野屋又四郎を迎えて、これに娶(めあ)わされたが、享保十五年十一月二十日、夫に先立って他界してしまった。

又四郎

又四郎は泉州(大阪府)堺の町人日野屋七左衛門の五子で、宗利の養子となり、津世を室とし一家を立て、のち又左衛門と改め、宗古と称した。宗古は資性温厚にして篤実、学を好み、享保四年二十八歳にして大坂在住の鴻儒三宅石庵の門に入った。所が享保九年三月の妙知焼で、石庵は火災に遭って平野に移った。そこで日野屋又四郎（又左衛門宗古）は、かねて親交ある三星屋武右衛門（中井甃菴）・道明寺屋吉左衛門（富永芳春）・舟橋屋四郎右衛門（長崎克之）・備前屋吉兵衛（吉田盈枝）等と相謀り、資を出して懐徳堂を創建し、石庵を迎えてその祭酒（学頭）たらしめた。世に懐徳堂の五同志と呼ぶのはこれらの人々で、又四郎もまたその中の一人であったのである。又四郎は宝暦四年（一七五四）二月六日歿、享年六十三歳、顕孝庵に葬られた。

懐徳堂の五同志

なお五同志の一人道明寺屋吉左衛門（富永芳春）の子の富永仲基は『出定後語』を著わした大学者であったことを附言しておく。なお『懐徳堂定約附記』にある又四郎はその子宗貞で、更に天明二年の『義金簿』に鴻池屋総太郎とあるのは宗貞の孫宗通である。中井竹山の歿した頃（一八〇四）には宗通の子和三郎はなお幼少であって、

富永仲基

鴻池総太郎

和三郎の早世によって、終(つい)にその家名が断絶したようである。

喜三郎

四代善右衛門宗貞の長男喜三郎（又の名善七郎）は享保二年（一七一七）に出生し、早くから家督を相続して五代善右衛門となり、初め利永と称し、のち宗益と改めた。

五代善右衛門宗益

長女伊代は成長の後、かねて宗貞の養子となっていた山中太郎右衛門道順の子善八に娶(めあ)わされ、のち分家して一家を立てた。

和次郎

宗貞にはその他男女数人の子があったが、五男和次郎と四女滝を除く外は悉く早世した。和次郎（初名又四郎）は後に兄宗益の後を襲って六代善右衛門となり、初め永辰のち幸行と称した。また滝は長じて山中栄蔵に嫁した。

二　鴻池新田の開発

新田の開発

両替商と大名貸とで鴻池屋の資本は相当なものになった。これをどこへもっていって投資したかというと新田の開発である。三代目の善右衛門宗利（寛文七年生、元文元年七月十二

鴻池新田

日歿、七十歳）は宝永二年（一七〇五）四月に河内の池沼払下げをうけて開墾に着手し、同四年六月鴻池新田を竣工した。移住し来るもの百二十戸、男女七百五十名、このほか入作者三百六十戸に及んだという。

新田への意欲

町人請負新田

大名貸はなかなか危険なものであったので、ある限度以上の活躍を制限されていた商人は、屢〻封建領主の意図にそって、その貢租徴収権の一部を代行する形で、本田より低い貢租の下に高率小作料を得ようとした。ここに町人請負新田が開発されるが、大坂では川口新田・大和川新田・市岡新田・加賀屋新田が開かれ、三井もまた享保年間に布施の菱屋三新田を買入れている。鴻池が開いた新田もまたそれと同系列に入るもので、河内の国若江郡（現在大阪府東大阪市）のもと大和川流域の深野池・新開池を中心とし、大小数多（あまた）の沼沢に囲まれた不毛の地を三ヵ年の日子と莫大な費用を費して、二百十八町一反五畝の良田となしたもので、その余沢は今日に及んでいるのである。

大和川切換え

そもそもこの新田については前提として元禄十七年（宝永元年）に行われた大和川切換えのことを忘れてはならぬ。旧時の大和川はその水上を大和の国に発し、河内の国に入り、石川と会し、柏原附近の弓削（ゆげ）において二分し、一は西北に向って久宝寺川となり、長瀬・高井田・森河内を経て新開池の下流に入った。他は一つは北流して玉串川となり、更に分れて菱江川（菱屋川）・吉田川となり、吉田川は水走・今来を経て深野池に入り、菱江川は西流して、新開池下流で久宝寺川に合し、放出（はなてん）・鴫野（しぎの）を経て平野川の水をも集め、大坂城北において淀川に合流し、大坂湾に注いでいた。そしてその間の数里の間には河沼交錯し、溝渠貫流して一帯の低地をなし、一朝霖雨に際会すれば水害を免れず、附近農民の災苦はいうべからざるものがあった。

中甚兵衛

然るに河内の国今米村（大阪府東大阪市今米）の中甚兵衛の奮起によって、元禄十六年（一七〇三）に大和川切換え工事が着手せられた。こうして大和川は柏原村より河流を疏導して西流させせられることになった。即ち長さ凡そ四百八十町を切開し、和泉の国堺

新大和川

浦の北に至って海に注ぐこととし、翌十七年即ち宝永元年にその工を竣（おわ）った。世にこれを新大和川と唱える。

深野池と新開池

この大和川切換えの結果として、これまでの深野池・新開池を始め、附近の多数の沢池が干拓せられ、池床・旧川床一帯が次第に開発されることになった。こうして二俣（ふたまた）新田・山本新田・玉櫛（たまぐし）新田・久宝寺新田・菱屋新田・箕輪（みのわ）新田・鴫野（しぎの）新田・深野（ふこうの）新田等三十余の新田が生じたのであるが、鴻池新

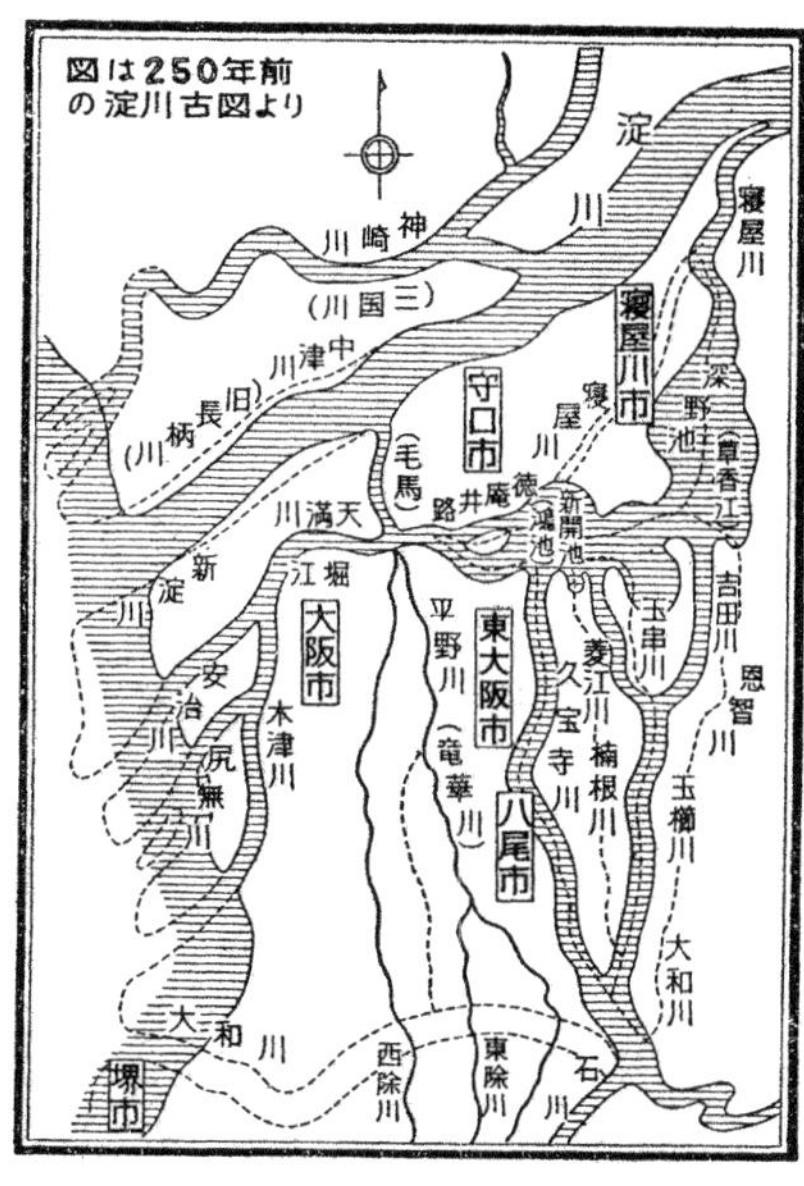

大和川切換え前の淀川古図
(井上俊夫著『淀川』所載)

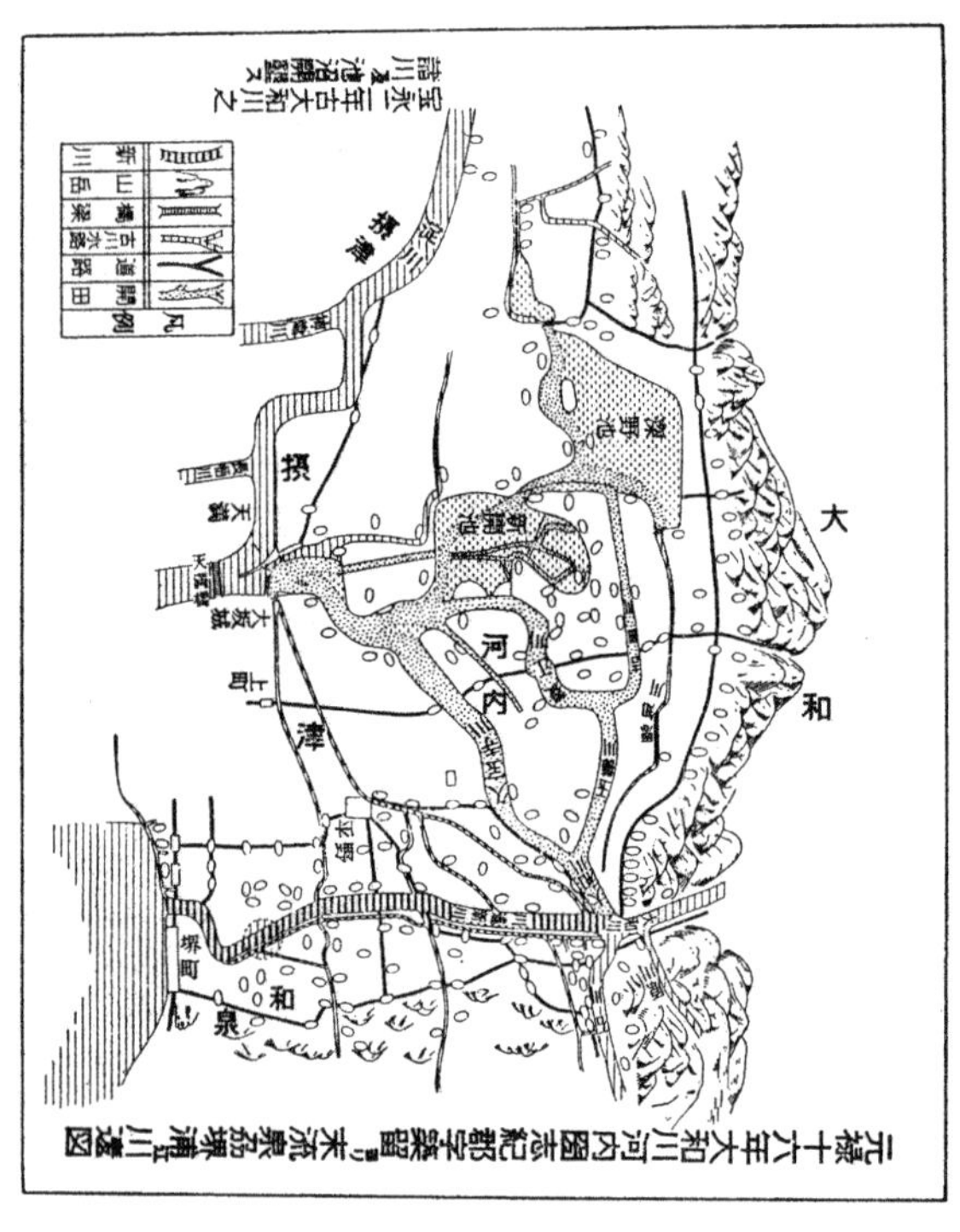

築留古図の解説

元禄十六年大和川末流切換え（川違）の図

同　上

元禄十六年大和川付替えの図で、旧大和川が迂余曲折して流れ、深野・新開の両池を通じて最後に淀川と合し、大坂湾に注いでいるが、その様子がよくわかる。

曲折して流路が長いため、水勢緩慢となり、従って流水停滞して水はけが悪くなる。このため、雨風の起る毎に氾濫の激しいことは当然であった。新川の付替えにより真直ぐに西へ注がれたことは、水が早く流れて洪水の憂いを少くした。

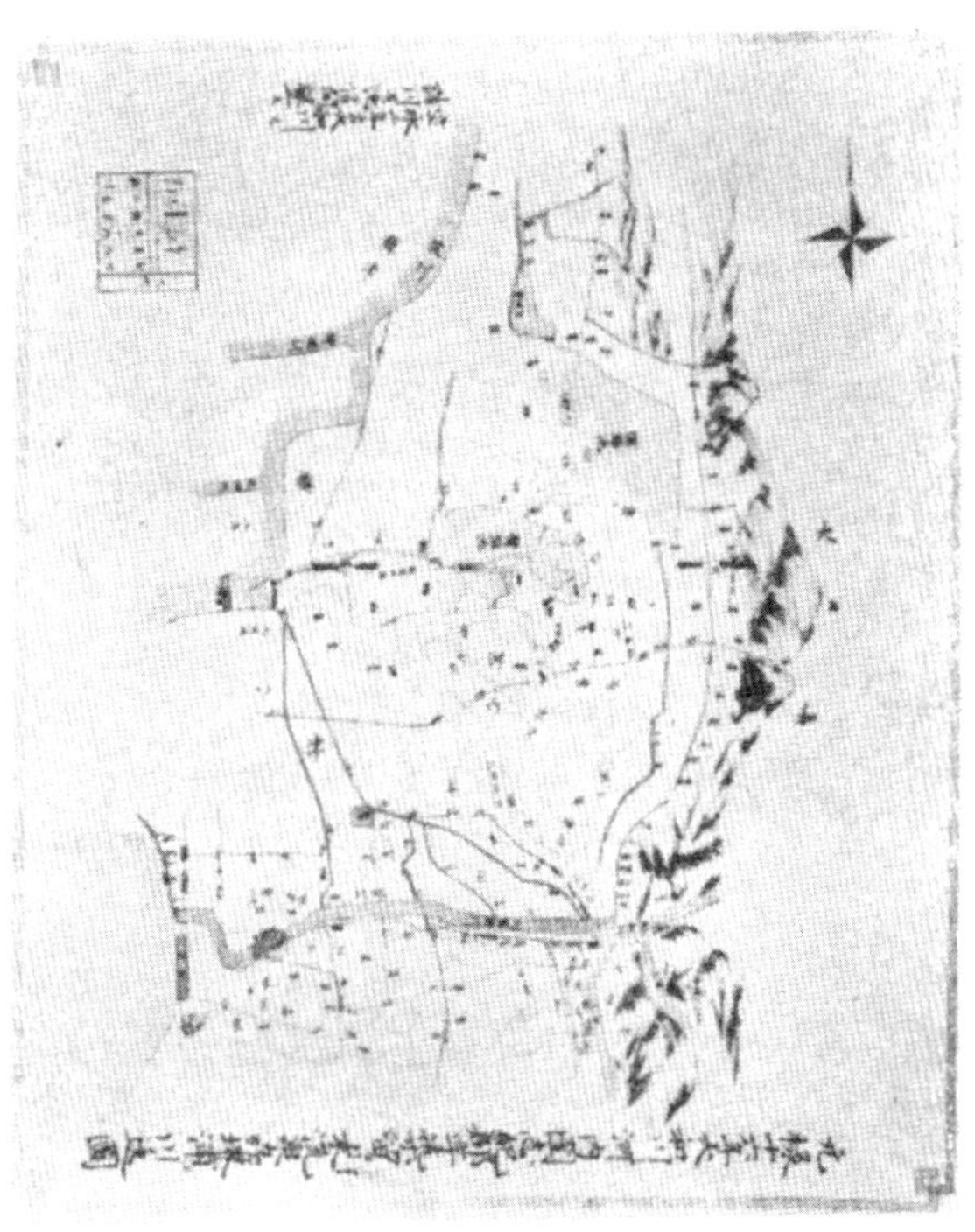

田もまたその一つであり、その面積の広く且つ多額の費用を要した点において、最も代表的な新田であるといってよい。

鴻池新田は旧大和川流域の大小池沢のうち主として新開池の池床を開発したものである。若江郡の新開池(東大阪市)は周囲二里に余り、往古は勿入磯淵(ふいりそのふち)と呼ばれて歌にも詠まれ、『為尹千首』(ためただ)の中にも、「つれなくば身をしづめんとかこつ夜のそなたの月はふいりその淵」と見えている。後世土人はこれを内助ヶ淵(ないすけ)とも称したと伝える。西鶴の『大下馬』(おおげば)のうち「鯉のちらし紋」と題した一篇中に「内助(ないすけ)が淵」と読ませている。「川魚は淀を名物といへども、河内の国の内助が淵の雑魚(ざこ)まですぐれて見えける。この池昔しより今に水のかわく事なし」と書き、次の逸話をのせている。内助という漁師(りょうし)が女魚(めうお)を一匹つねに売残し、一つ巴(ともえ)のある故に、ともえと名づけて十八年も可愛がった。ところが内助が妻をもとめることになり、その鯉が妻のところに女形になってあらわれ、恨をいう物語である。「惣じて生(しょう)

類を深く手馴れる事なかれとその里人の語りぬ」と結んでいる。

内助が淵が埋もれて来、上手の河内讃良郡深野池（大東市）より出る流水が澱むようになったので、後世、池の廻りを掘上げて堤を築き、出水の予防をなしたので、これから新開池の名が生れたという。

新開池は面積二百余町歩であるが、一箇の大沼池で水上には深野池があり、四時を通じて周囲の出水がここにあふれ、池底は深く水面には芦や葭が叢生して魚鳥の棲所となっていた。そしてそこの収穫が菱の実若干というのでは惜しいと考えられ、これを埋めて良田にしたならば民生に稗益する所が大であることは何人も認める所であったが、水底深く開発至難の場所であったために、進んでこれに当る人が少なかった。

あたかも前述の如く宝永元年（一七〇四）大和川河道変換が完成したので、同時に旧河床・池沼床・床の国役堤が新田に仰せ付けられ、開発希望者が募集された。

大和屋六兵衛と庄屋長兵衛

新開池床は最初大坂京橋の土木請負商人大和屋六兵衛と河州中垣内村庄屋長兵衛の名義により、大坂商人山中庄兵衛・泉屋吉左衛門・天川屋長右衛門・石川屋次郎兵衛・加賀屋虎之助の五商人で八十町歩、鴻池屋又右衛門(三十町歩)・鴻池屋小右衛門(二十町歩)・駿府藤村六郎左衛門・小西茂春(十町歩)等町人資本の連合出資によって請負われ、宝永元年十二月に落札仰せ付けられたが、翌二年四月に至り、代官万年長十郎役宅において、鴻池屋善右衛門の譲受け、名義譲り渡しとなった。当時宗利は三十九歳であり、一子善次郎(四代宗貞)は八歳の幼童にすぎなかったが、宗利は特に考える所があって、自分と共に善次郎をも名義人に加えたのである。

万年長十郎

宗利と宗貞

当時鴻池家より代官万年長十郎に差入れた一札がある。

差上ケ申ス一札之事

一、新開池堤敷(つつみしき)共御新田、此度大坂京橋壹丁目大和屋六兵衛・河州中垣内村長兵衛被ラレ二申シ請ケ一候場所二百二拾一町四反五畝之所、下々而(しもじもとして)相對(あいたい)仕リ、私讓請申候。依ツテレ之ニ、右御地代金何萬何千兩、但一反に付何兩何歩積り、來月十日迄之内私方分急度上納可レ仕候。尤諸色、私共自分入用を以開發仕立可レ申候。御定之通り、當酉ノ年ゟ亥ノ年迄三ケ年ハ御年貢御赦免可レ被レ下候。四年目子ノ年ゟ御檢地を請、其年ゟ御年貢無レ滯急度上納仕候。幷諸般之儀も、何時成共被二仰付一次第相勤可レ申事。

一、右御新田、御定之通開發不レ仕、少し成共麁抹ニ仕置候ハバ、御新田被二召放一、如何樣之御科にも可レ被二仰付一候事。

一、用水・惡水樋、幷堤又は道・橋、用水・惡水井路仕立申候共、不レ殘自分入用を以可レ仕候。且又御新田開發作人仕付申候節、御法度之宗門能々吟味仕、慥成者ニ可二申付一事。

一、右之御新田開發以後、萬一御用地ニ被二召上一候義も御座候はば、無二異儀一差上ケ可レ申候事。

右之通御新田御請負被二仰付一候上は、諸事御定之通相守り可レ申候。萬一請負之者共之內、如何樣儀御座候而御新田相續難レ成候儀出來仕候ハバ、其加判之者共、急度相續仕、御受負之通相勤可レ申候。少成共相違之儀御座候ハバ、御新田被二召上一、請負人者不レ及二申上一、加判之者共迄如何樣之曲事にも可レ被レ付候。爲レ其證文差上ケ申候。依而如レ件。

大坂今橋二丁目鴻池屋
御新田請負人　　善右衛門
右　同　斷　善　次　郎
寶永二年酉閏四月
同平野町壹丁目加賀屋
加　判　　彌右衞門

宗利の幕府への誓約

これによると、新田開発に際し、宗利等が幕府に誓約した条件が判る。万一それらの条件に違背した場合は如何なる罪科をも甘んじてうけようとしたもので、確乎たる決心のほどがわかるのである。

名義譲り受け

当初の名義人大和屋六兵衛と庄屋長兵衛の両人は元来鴻池家に出入りのものであって、初めより鴻池宗利に開発の意があったと見る説もある。いずれにしても水嵩(かさ)高く泥土深く難工事なるため、鴻池の巨額の資金を必要としたものであろう。

このようにして名義譲り受けは滞(とどこお)りなくすんだが、何分容易ならぬ大事業である上に、新田開発のことは万事不案内であったので、この方面に心得のある河

山中庄兵衛

内の国玉櫛村山中庄兵衛に依頼して援助をもとめ、その肝煎によって、近村の功者なる左記の庄屋に世話役を托することにした。

世話役

中新地　甚左衛門　　今米　甚助　　徳庵　半右衛門　　安田村　五郎兵衛
安田村　太兵衛　　加納村　作兵衛　　諸口村　七十郎　　同　三郎兵衛

上納金

大縄反別

ついで翌五月に地代金一万二千七百三十三両一歩二朱の上納金を済せた。この時の大縄反別、即ち開発予定地の反別は二百二十一町四反五畝歩で、地代金は一反につき五両三歩宛の割合であった。

大縄検地野帳

もっとも最初の大縄検地野帳の総反別は二百五十町八段四畝二十七歩であったが、そのうち用水路・堤・道路・郷蔵・宮地及び墓地の用地として二十九町三反九畝二十七歩を引歩として、それだけの分の地代金は免除せられ、残り二百二十一町四反五畝だけが純粋の新田用地として、地代金を徴せられたのであった。然るにこの大縄反別地の中には先請負者があって、既に一部の開発権を持っていたので、鴻池家においては、これが買収のために総計一万九千七百三十三両余を支出した。

大縄町歩

またこれとは反対に、その後希望者があって、止むを得ず大縄反別のうち四十四町歩を割き、結局鴻池の出資により開発に着手した大縄町歩は百七十八町七反七畝二十二歩となり、このうち百二十町一畝十六歩を田畑屋敷、五十八町七反六畝六歩を堤・池井・路などの敷地として諸般の計画をたてた。但し表向きは矢張りあくまでも大縄反別二百五十町八反四畝二十七歩、歩引二十九町三反九畝二十七歩ということであった。

鍬開き

宝永二年（一七〇五）四月二十七日地鎮祭を行い、杭打（くいうち）・鍬開きをなし、四年六月に至り、全く竣工を告げた。主要工事は堤を取払って池床の低所に引き均（なら）す工事と、悪水路及び用水井路の掘鑿（くっさく）工事とであって、その大半を周辺古田農村の庄屋百姓に請負わせている。特に注意を要する事は難波村・木津村の百姓が参加していることで、元禄以来の川口新田の開発の経験を活かそうとしたものかも知れない。

難波村・木津村の百姓

請負人の下で請人が多くは自村内から人足・資材の調弁に当った。

初茄子と初瓜

村抱

宝永二年より同四年に至る三ヵ年間の鍬下年季（開墾進行中の一定期間特に年貢を免じまたは軽減すること）をもって開発したが、工事は予定の如く進捗し、宝永二年には未だ稲作は出来なかったが、七月五日には初茄子や初瓜の収穫もあり、九月には東西村が出来、村抱としての家も建ち揃うに至った。新田地面も一部地均工事を終了して、十月二日より百姓達へ田畑下作の割付けをなし得るまでになり、見廻役人より褒詞に預った程であった。もっともこの間、近村の百姓より種々苦情をきかねばならぬことはあった。蓋し、新開池は従来近村の百姓が雨水を切り落し、灌漑水をこれより引用していた所であるから、鴻池家に対し、彼等は挙って村々の用水・悪水の流通に障碍を与えないように要求し、鴻池家はこれらの附随設備を施すために予想外の経費を要し、またこのために色々困難な交渉を重ね、あるいは複雑な手続きを踏まざるを得なかったものである。これらの事情のため、当初は幾分工事の進捗を妨げられたが、予定の宝永五年には概ね完成し、同年八月に至り、雨宮庄九郎・雨宮源次郎・桜井孫兵衛・万年長十郎の四名が立会(あい)の下に検地を行い、その後水帳を下附し、且つ鴻池新田の名称を与えた。高八百七十五石五斗三升八合、その反別百二十町一反六歩であった。

検地

鴻池新田の名称と水帳

工事中三代宗利は、雨の日も風の日も毎日三里の道を駕籠(かご)にゆられて自ら工事を監督したという。新田が出来るとそれを監督する所として新田会所を設け、新田支配人がこれにつめた。鴻池新田は東西に長く、南北に狭い、ひずんだ長方形であるが、その中央に一町六反歩くらいの御会所(おかいしょ)があり、その表門に近い所の右方に一宇の祠(ほこら)があるが、そこには伊勢皇大神宮と共に新田の開祖様として三代宗利の霊が祀ってあるのも当然であるといわねばならない。

宗利の監督

新田会所

伊勢大神宮と宗利の霊

新田村の下作(げさく)百姓は所謂村抱(かかえ)下作人、あるいは主家(おもや)と呼ばれる新田村百姓と、入作(にゅうさく)下作人とからなっていた。

村抱下作人と入作下作人

抱百姓四十四軒

新田主屋

新田村百姓は東西新田村を構成するもので、宝永二年開発工事着手と同時に抱えられたもので、新開池の池堤に蔵屋を営み、池の魚鳥を捕えて生活していたものと、別に開発後近在及び他国（摂津・和泉・大和等）からの移住者で抱えられたものからなっていた。当初は東村十六人西村十四人合計三十人といわれるが、のち抱百姓は四十四軒になっていた。この新田主家は永小作権を有し、住家・主要農具が与えられ、凶作に際し施米等の保護をうける特権を有したが、道路や井路の保修や、会所諸行事に対する諸負担を出すを要した。新田村では村役人をもたず、会所支配人の支配下に、彼等は恩義によって結合していた。開発地主鴻池に対するいわば

譜代下作人

譜代下作人であり、その性格から主家としての自尊心も生じた。その代り夜毎に交代して御会所の門外にある小屋に詰めて不眠番をなし、もし大坂の鴻池に火災があれば駈付けることになっていたという。

入作者

入作者の方は当初新田周辺の十八ヵ村（上諸福・西諸福・灰塚・西加納・下加納・川田・小箕輪・吉原・大箕輪・新庄・橋本新田・徳庵・諸口・焼野・浜・

今福・安田・中茶屋村）における「田地無数者」つまり潜在的過剰人口で、各々自村の肝煎（きもいり）の保証と統制の下に入作権を得て入作下作人となったものである。

この肝煎は前述の入作村の村役人階層の中で、新田開発に協力のあったものの中から各村一名ずつ選定された支配人の経営協力者で、新田村百姓と同様に永代小作権を与えられたものである。

鴻池新田は宝永五年（一七〇八）の検地帳によると、反別百二十町一畝十五歩のうち田三十六町三反一畝余、畑八十一町八反二畝余、屋敷一町八反七畝余となっていて、田畑の割合は三と七で畑が過半を占め、正徳二年（一七一二）の検見下見帳では田方はすべて稲作、畑方はすべて棉作となっている。この地域の新田が一般にそうである通り、鴻池新田にも採草地が全くなく、棉作はもとより稲作にも金肥が用いられていた。鴻池新田における小作年貢の定め方は総収穫量のうち三〇％を肥料代として天引き、残り七〇％のうち三〇％、即ち総収量の二一％を小作人の労

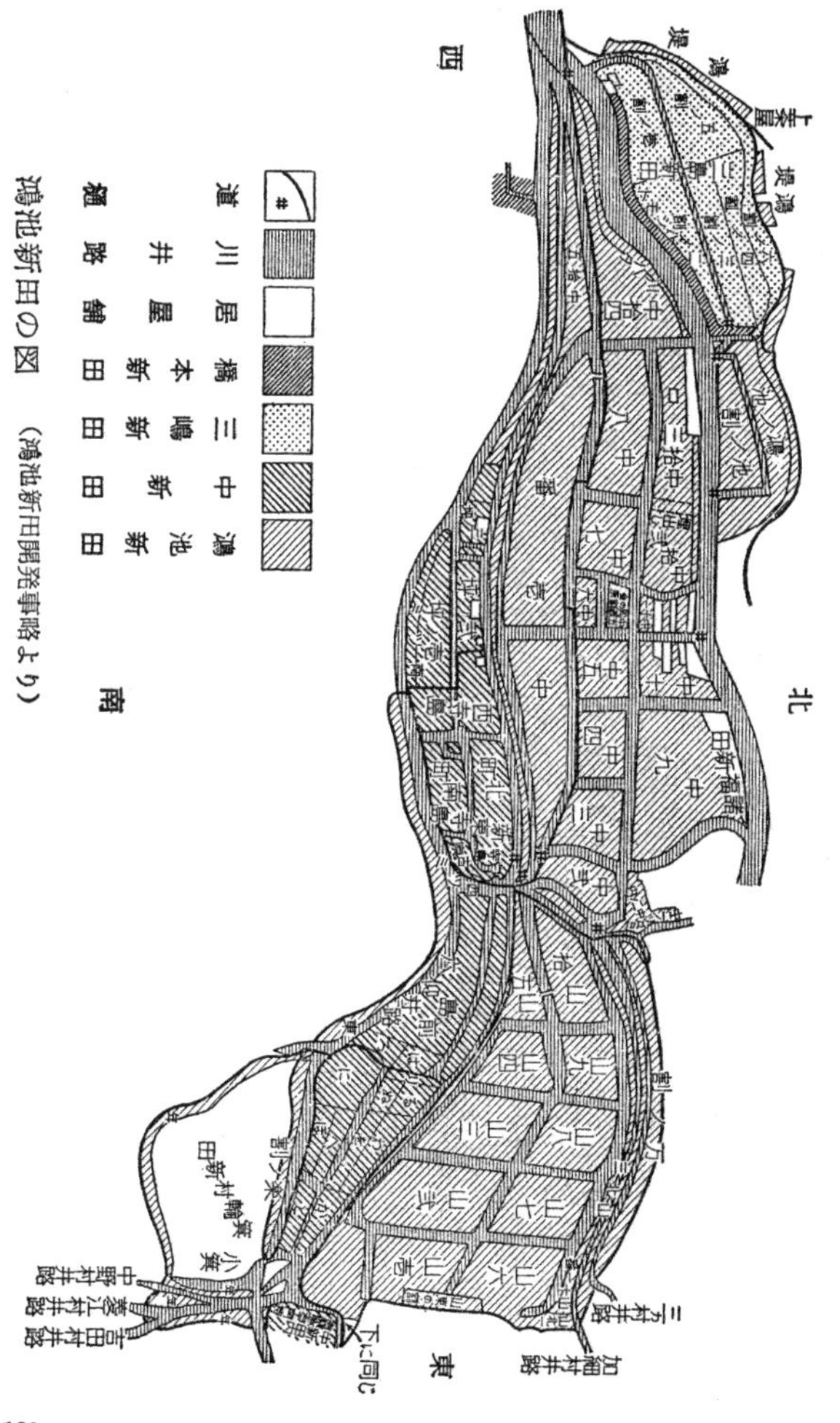

鴻池新田の図　（鴻池新田開発事略より）

地主取分と地主作徳

地普請

賃とするという方法をとっていたのである。従って地主と小作人の配分は四九対五一で、地主取分中から貢租を差引いた額が地主作徳となるわけである。この場合特徴的なのは金肥代を優先的に差引くという仕方であって、肥料を充分に施さないような小作人は排除したのである。地主側としては何とかして土地生産力を拡大維持したいと考えていた。また同じ目的から、地主は地普請に対しても積極的であった。

石盛と水損・旱害

町人の新田開発の目的

鴻池新田の石盛は割合いに高いものであったが、自然的条件が劣悪で、不安定であり、水損・旱害両難の新田であった。だから鴻池家にとって必ずしも有利なものであったとはいえない。しかし町人の新田開発保有には別個の目的があったのではないであろうか。三井家については『世事見聞録』は、「其地面より取上る所が二万両に及ぶといふ。是五万石の大名の所務なり」として、三井が大地主であったことを示しているが、天保年間の著たる正司孝祺の『経済問答秘録』には、「大坂鴻池・三井等も諸国に開発の生租莫大のよし、洛西の畷に一大廈あり、土人三井の代官と呼ぶ。一円の田皆三井の下作のよし」とある。

至高の安全投資物

封建社会においては結局土地こそが至高の安全なる投資物であったのである。鴻池が新田を開発し経営したのもこのような観念からであって、同じく町人請負新田であっても、寛文八年（一六六八）以降の下総の国椿海の干潟開発を試みた材木商白井次郎左衛門の如きは、完成と同時にこれを細分して、周辺の富農に売却している。

尼崎屋新田

大坂の三町人の一人尼ヵ崎屋又右衛門なども、その富力をもって新田の開発をなした。即ち深野池の床であったのを、大和川川換えの数年前の元禄十五年（一七〇二）に完成したものが尼ヵ崎新田である。しかし彼はまもなくこれを手放している。尼ヵ崎屋は新田開発を企業視した典型的な元禄商人の一人であったわけだ。

投機型と投資型

ところが鴻池新田の場合は、こうした投機型ではなく、開発後も継続保有して、彼等の主業たる商業、両替商と同じく小作地主としての作徳をもって、長期の収

辰巳屋と市岡新田

益を求めることを目的としている。辰巳屋久右衛門が、元禄十年に市岡与左衛門が開いた九条浦新田＝市岡新田を寛延二年（一七四九）に入手して経営したのや、

加賀屋新田

加賀屋が開いた加賀屋新田は皆、土地所有による名誉と着実なる収益を目ざしたものといえよう。加賀屋の初代甚兵衛は河内の国石川郡喜志村の農家山本善右衛門の二男で、延宝八年二月の生れである。元禄三年十一歳で大坂淡路町一丁目加賀屋嘉右衛門に奉公したが、三十五歳で別家を許され、独立して両替商となった。享保八年（一七二三）大坂の人多田屋徳兵衛と油屋角兵衛が開墾を許されていたが、資力つづかず、結局甚兵衛と丹北郡油上村の弥五郎が譲りうけた。

北島新田

そのうち大和川北岸の甚兵衛請負の地を北島新田という。甚兵衛はここに会所と借家をたて、後ここに引越した。加賀屋は代々新田をつづいて開いている。大坂周辺の町人請負新田中には、こうした着実なる地代収入を目差すものが多かったのである。

三井元之助と新田

三井両替店の大坂店（元之助）も新田の経営をしている。元禄時代の活況も八代吉宗

御為替御用達の仲間菱屋岩之助

菱屋新田

の緊縮政策によって一時萎縮し、金融も緩慢に陥って遊金をかかえた両替屋は放資に苦しむようになった。そこで農地担保の貸出しをするようになり、当時御為替御用達の仲間であった菱屋岩之助が開発していた河州若江郡菱屋新田に対し、これを担保にする貸出しをなした。享保十二年(一七二七)のことだ。しかしこの新田は五年後には抵当流れになって三井の手に帰し、大坂の三井両替店はこれを明治の中頃までずっと所有しつづけた。三井両替店はこの菱屋新田を足がかりとして、その周辺村落の農民に農地を担保とする小口貸出しを開始し、若干の農地の買収さえもした。

商業資本が土地を開発し、これを永きにわたり経営することは相当にあったのである。鴻池の鴻池新田の如きはその代表的な例であるといってよかろう。

鴻池新田の持つ社会的意義

勿論鴻池とても、一時的な土地への融資もしてはいる。池田家岡山藩では元禄五年に備前国上道郡(じょうどうぐん)沖新田の開発に着手したが、その前年に「新田御取立入用銀之為」岩井某を大坂の鴻池屋に派して、銀五百貫目を借入れている。こうしたこともしてはいるが、鴻池新田に対する投資と経営は、寧ろ大坂随一の豪富が自己の栄誉にかけて、「至高の安全」として経営したものであって、たとえ収益は低くとも、米遣(づかい)経済を背景とした安定性の高い投資だったのである。そして池床という遊休地域を有効に利用すると共に、その周辺農村の潜在的過剰人口をここに吸収するという、社会福祉的な意義を有していたのである。

一二　鴻池の家訓及び店則

以上の如く鴻池家の事業の根本は大体三代宗利の代において整ったといえる。このように、鴻池家はこの宗利の時に至って基礎ますますかたく、諸事よく整頓するに至ったもので、宗利は享保元年(一七一六)四月に家訓の制定に着手し、享保十七年(一七三二)これを完成したという。一説には貝原益軒に嘱(しょく)してつくってもらったともいう。真偽の程は判らない。

この「家定め」は四代善右衛門宗貞から五代善右衛門宗益(幼名善次郎)への家督相続に際して与えられたものであるが、その主要部分は『家定記録覚』として六十六枚二冊にわたり、外に『宗誠家訓』及び『手代へ申渡事』が添えられて、全体として家憲を形成していた。その中『家定記録覚』の部分(二十六枚)は享保八年のもので、その時はまだ三代の宗利が生きていて、形式上は隠居していても慣習上のことで、まだ五十七歳であった。だからこの家定めは、やはり宗利が完成したものと考えてよい。時に宗貞は二十六歳、宗益は七歳であった。

宗利は上述の如く英邁豪胆で、初代善右衛門正成、二代喜右衛門之宗の活動的な経営を更に上廻って両替業によって大をなし、また別に鴻池新田をも拓(ひら)いたが、人を見るの明があって、鴻池屋の基礎を固めたといえる。そしてこの家定めも宗利に発する。大体鴻池はこの三代宗利までに出来上り、あとは守成の時期で、巨富を擁して、ひたすら保守維持につとめたといってもよい。

四代宗貞は元禄十一年(一六九八)生れ、延享二年(一七四五)十月歿、宗利の長男であり、五代宗益は享保二年(一七一七)生れ、宝暦十四年(明和元年)(一七六四)三月二十六日歿、前名善次郎、宗貞の長男であった。利水と称したともいう。この頃は鴻池としては家運が一番隆盛になって来た時といえよう。

宗誠家訓

『宗誠家訓』は享保十七年に宗利が追加したもので、宗誠というのは宗利の居士名(本了宗誠居士)である。

手代への申渡事

『手代への申渡事』は署名はないが、宝暦九年(一七五九)であるから、五代宗益の追記だと思われる。この『家定記録覚』はかつて有賀喜左衛門氏によって紹介されている(『封建制と資本制』所収)から、ついて見られたい。

鴻池家がこの三代目に基礎をおかれ、巨万の産を保ち大いに発展したのは、この家訓を遵奉(じゅんぽう)して励行した結果であるといわれるが、特に穴蔵に正貨を貯蔵し、大事の場合のほか取り出す事を厳禁した訓戒の如きは注目すべきものであろう。

学問の奨励

宗利が町人でありながら、その子弟に対し学問を奨励し、且つその学問の真意を了解していた事も注目すべく、その家訓の一節に

「兼而申渡置候通、素読の義無レ怠相勤可レ被レ申候。春夏秋迄は見世の手透に候間、折々講談も承り候様にいづれ成共招、手代中迄も一列に聴問可レ被レ致候。学問は身の治め第一に心懸け、其外善悪の義理を弁じ候為の学問に候間、心得違無レ之候工夫可レ被レ致事」とある。この家訓と同時に別家・使用人・召使・出入りの者の冠婚葬祭に関する一切の内規も定められた。

鴻池の一統

『家定記録』が出来た当時の鴻池の一統は相当なものとなり、又四郎（宗房）、新六（宗直）・善八（宗寛）・助三郎（宗芳）・又四郎（直真）の分家があった。又四郎家は堺の日野七左衛門の五男の又四郎が三代宗利の養子として、後に分家したものである。新六家は三代宗利の次男、宗貞の弟で、分家したものである。善八家は山中太郎右衛門道順の子で、四代宗貞の養子となり、宗貞の長女伊代に配せられ、後に分家した。

御内

また別家としては当時(享保八年)御内(みうち)と称して、理兵衛・九兵衛・源兵衛・三郎兵衛・清兵衛・七郎兵衛・四郎兵衛・□□(不明)兵衛・八兵衛・武助・忠助の十一家があり、善八様御内として武助・重助・惣兵衛の三家があり、別に御本家御内として治郎兵衛・徳兵衛・彦六・助四郎・太兵衛・伊助・彦助・清兵衛の八家があった。御内は即ちノレンウチに属する別家衆である。

別家衆

褒美銀

なお宗利より当主善右衛門に正徳年間に出した『覚』がある。それには手代中勤め方よろしきもののための褒美銀なるものの規定があり、また家代銀なる、手代よりの置銀があって、これを本家で利廻ししてやっている。店法もこの頃整備し、店方の組織が大きくまとまったと思われる。これについては詳しく調査しているが、本書をあまりにも長大にするので割愛する。暫く、一応有賀氏の論文『鴻池家の家憲』によられたい。

手代よりの置銀

なお前にもふれたが、鴻池家の家訓は貝原益軒が起草したとも伝えるが、それはやはり宗利が自らの経験によったと考えるべきであろう。ただ和泉町鴻池家蔵の『酒醞記』なるものがあり、これには「元禄己卯(十二年)上元日(正月十五日)筑前後学損軒貝原篤信書」となっている。これをとりちがえ、混同したものであろう。

第七　その後の鴻池

一　十人両替としての鴻池の変遷

鴻池の守成

前章において三代宗利に至る鴻池家の発展についてのべた。鴻池は大体この時までにその堅固なる基盤をすえたといってよい。これからの鴻池は大坂第一の豪福として、その守成の上に立ったものである。

之宗十人両替の一人となる

鴻池は本両替として出発したが、初めは必ずしも第一流のものでなかったことは上述の通りである。それでも寛文十年（一六七〇）の十人両替設定の時には前述の如くその一人になっている。之宗は寛永二十年の出生であるから、寛文十年十人両替になった時は二十八歳であった。そののち十人は変転して八十余年後の宝暦三年(一七三一)には七人になり(『初発言上候帳面写』)、三代善右衛門がふたたび同十二年に十人両替になっているが、この年から鴻池新七なる名が出ている。一統であろう。

鴻池新七

つまり十人両替は初め寛文十年に十人が任命され、あとは欠員を補充していったらしい。死亡者がある時には三郷惣年寄がこれを吟味選考し、その上で奉行がきめた。

七人の十人両替

宝暦年間の作と思われる『難波丸綱目』(旧板)には両替の項に、「天王寺屋五兵衛・鴻池屋喜右衛門・新屋九右衛門・助松屋理兵衛・長浜屋市兵衛・尼崎屋市太郎・三谷八右衛門」の七人をあげている。

ついで宝暦十一年九月、時の西町奉行興津能登守(忠通)は泉屋新右衛門・大庭屋次郎右衛門・中屋八兵衛の三人を補充して十人の古制に復した。

宝暦年間になった『大坂武鑑』によると、「両替十人組」の項の下に、「天王寺屋五兵衛・平野屋五兵衛・油屋彦三郎・鴻池屋善右衛門・天王寺屋久左衛門・

泉屋介（すけ）右衛門・鴻池新七・泉屋新右衛門・大庭屋次郎右衛門」の九名が見える。

安永二年の十人両替

その後十年を経過した安永二年（一七七三）刊の『大坂武鑑』によれば、更に左の如く変動している。

天王寺屋五兵衛・平野屋五兵衛・川崎屋徳藏・平野屋又右衛門・助松屋忠兵衛・和泉屋新右衛門・綷（くげ）屋善右衛門・天王寺屋六右衛門・平野屋仁兵衛・長濱屋太郎兵衛

同七年五月綷屋の後任として鉄屋庄左衛門が任命された時は左の通りになっている。

天王寺屋五兵衛・平野屋五兵衛・平野屋又右衛門・助松屋忠兵衛・川崎屋三右衛門・長濱屋太郎兵衛・泉屋理兵衛・油屋彦三郎・川崎屋源兵衛

寛政八年の十人両替

ついで寛政八年（一七九六）、同じく鉄屋が平野屋仁兵衛と共に再任した時の先任仲間は左の六人であった。

天王寺屋五兵衛・泉屋理兵衛・加島屋十郎兵衛・米屋平右衛門・長濱屋治右衛門・大黑屋源兵衛

この年代になると、十人両替中に鴻池屋の名が見えない。文化三年（一八〇六）十一月、米の買上げを命ぜられた時は人員八名であったことが『草間伊助筆記』に見えている。鉄屋の記録によると、「天王寺屋五兵衛・平野屋五兵衛・油屋彦三郎・川崎屋三右衛門・平野屋仁兵衛・綷屋善右衛門・鉄屋庄左衛門・大黒屋源兵衛」である。『浜方記録』はその上に長浜屋喜右衛門・泉屋利兵衛の二人を加えて十人としている。即ち安永・寛政・文化年代には鴻池屋の名が十人両替中にないのである。所が天保十四年になると、近江屋半左衛門・鴻池屋庄兵衛・炭屋安兵衛・炭屋彦五郎・米屋長兵衛の五人になり、天王寺屋・平野屋・鴻池屋は十人両替の列を脱して、「両替屋の中」となっている。しかしながらこれらはやがて復活して嘉永四年（一八五一）には左の如くなった。

十人両替に鴻池なき時期

天王寺屋五兵衛・平野屋仁兵衛・鴻池屋庄十郎・炭屋彦五郎・米屋長兵衛・松屋伊兵衛

十人両替は世襲にあらず

これを見ても十人両替は決して世襲でなかったことが判るが、格式の高い平野屋・天王寺屋・鴻池屋の如きは大体において後継者が不適当でない限り、十人両替に推す仕来りであった。『浪花の風』に、「豪家は鴻池屋善右衛門当時第一と称すれ共、旧家においては天王寺屋五兵衛に勝るものなし。また平野屋五兵衛抔も旧家にして」云々とある。随一の旧家でなくても、随一の実力者であったことが判る。

十人両替の地位と任務

十人両替は幕府の公用を勤めた報酬として帯刀を許され、家役を免ぜられた。初め免ぜられた家役は一役であったが、安永七年(一七七八)以後は三役を免ぜられることとなった。(大坂は地子免除であったが、公役・町役がかかった。役は上代の庸にあたる。家にかかる役が家役で十人両替はこの家役を免ぜられた。)

これによると役徳が多かったと考えられる。しかし関山直太郎氏の研究によると、十人両替屋はその役目の重大なる割には役徳が少なく、勤め方が難渋であったので不平不満を抱き、寧ろこれを敬遠忌避する傾向があったとさえいわれている。鴻池屋がよくしばしばこれをつとめたことは多とせねばならぬ。

二　鴻池家の大名貸の発展

御立入御金主

鴻池では既述の如く、三代宗利の代に既に三十二藩の御立入御金主として取引をしていた。当時諸大名は蔵元を出入の商人に託し、掛屋とした。鴻池善右衛門は加賀・広島・阿波・岡山・柳河の掛屋となっていたが、尾州・紀州の二大名は掛屋とはいわず、出入商人といった。また鴻池善右衛門は広島・岡山に対しては、掛屋で蔵元をかねていた。蔵物の出納を掌るものを蔵元といい、もとは武士のお留守居がやっていたが、後には町人がやるようになったのである。掛屋とは蔵物を売った金を預けて置く町人で、銀掛屋即ち掛屋といったのである。掛屋は両替屋のつとめる所であるが、鴻善は方々の大名の掛屋をつとめ、そして各大名からお扶持をもらっていた。鴻善は一年に併せて一万石くらいの御扶持をもらっていたと伝える。これでは正にもう立派な大名である。掛屋はお扶持をもらう外にあ

掛屋としての鴻池

るいは帯刀を許され、あるいは藩の家老並に取扱われる等色々の特典があった。単に蔵物の売上銀を預けるだけなら、そう好遇する必要もないが、実はこの掛屋が大名に貸附けをしてくれる大名の金融方であるからである。ちなみに鴻池一統は次の如き各藩の蔵元・掛屋であった。

延享四年（一七四七）の調査

（藩名）	（蔵屋敷名代）	（蔵元）	（銀掛屋）	（蔵屋敷用達）
筑前福岡	天王寺屋五兵衛	鴻池屋善右衛門	同上	
藝州廣島	江川庄左衛門	鴻池屋善右衛門	同上	
備前岡山	（天満屋久兵衛 倉橋屋藤四郎	鴻池屋善右衛門	同上	
阿波徳島		（阿波屋九郎右衛門 山本三四郎	鴻池屋善右衛門	紙屋吉兵衛
筑後久留米	天王寺屋五兵衛	鴻池屋新七	長濱屋喜右衛門	
加賀金澤	兼蔵元 鴻池屋新七	辻宗三 外六人	蔵元取り	鴻池屋新七
尾張	家菅野屋龜吉			鴻池屋喜六
因州鳥取	倉橋屋藤四郎	鴻池屋新六	鴻池屋喜六	

安永の状況

安永六年（一七七七）の調査

藝州廣島	江川庄左衛門	鴻池屋善右衛門	同上
備前岡山	（倉橋屋藤四郎 天満屋久左衛門）	鴻池屋善右衛門	同上
筑前福岡	天王寺屋五兵衛	鴻池屋善五郎	同上
長州萩	薩摩屋仁兵衛	（鴻池屋市兵衛 淀屋忠兵衛）	

五代善右衛門宗益

ちなみに延享頃の当主は五代善右衛門宗益であった。宗知ともいう。この人は享保二年（一七一七）生れ、明和元年三月二十六日四十八歳をもって歿した。

六代善右衛門幸行

また安永頃の当主は六代善右衛門幸行。この人は宗益の弟で、延享元年（一七四四）一月に生れ、寛政七年（一七九五）七月十四日に歿した。行年五十二歳。

福岡藩と鴻池

岡山・広島・熊本とは古くから関係があるが、ややおくれてではあるが、福岡の黒田家とも関係が生じ、後には相当深い援助をした如くである。福岡藩は初め領内博多その他の町人から融通していたが、のちに領外から借入れるに至った。これは黒田家の三代光之の晩年からのことらしい。大部分は大坂並びに泉州の商人より借入れ、急を凌いだ。出資者の主なるものは鴻池善右衛門・同善八・天王寺屋五兵衛・加島屋久右衛門・大文字屋五兵衛であり、泉州の商人唐金屋惣右衛門は特に自ら福岡に来って種々財政策を献言している。延享三年（一七四六）に大坂の鴻池店から借金利率の変更申し出があり、財用の立直しを進言している。文化・文政には更に財政が悪化し、文化十二年（一八一五）には裏判役の明石行憲が藩命によって再三大坂に上っている。天保年代になると大坂廻送も引当に不足し、返済もとどこおった。

財用の立直し

鴻池大名貸の利率

　領外商人からの債務に対する利率を見るに、同じく年一割前後が標準となっていた。『大坂御用勤仕方聞書覚』には、「寛保三年度春より銀主依レ望ミニ利銀九朱ニ付而出銀有レ之類も出来候承届候」と記されている。そして鴻池店の利率を記して曰く、「延享三年寅春より鴻池出銀之分は利銀八朱宛、其外は八朱半に相成候事」とある。これによって当時における大名貸の利率が判る。幕末になると利率は少し上ったようだ。

幕府との関係

鴻池の本質は大名との結托、御用にあり、三井が呉服・糸・綿の商業資本であると共に幕府の大坂御為替・二条大津御為替を託せられた特権的両替商であったのと対照的である。しかし鴻池とても幕府との関係がまったくなかったわけではなく、幕府の掛屋をもつとめていた。これは大坂では安土町二丁目の白山安兵衛（炭屋）と鴻池屋のみがつとめたもので、幕府御国役及び東西両町奉行所掛屋御用であった。例えば堤防修繕に関する徴収金（淀川両岸は所謂役堤で石高に割付け、沿岸の村々より四年目毎に徴収した）を村々より両掛屋に出し、両掛屋において金員を取まとめて、大坂の金庫におさめることを取扱ったものである。その外幕府の臨時掛屋になった町人は大坂にも多いが、本業の掛屋御用は炭屋と鴻池屋とである。

鴻池は古金銀吹替（ふきかえ）御用などもなしたが、その他鴻池屋市兵衛（井上）・鴻池屋庄兵衛（中原）・米屋半右衛門（殿村）・米屋喜兵衛（石崎）・炭屋彦五郎（白山）・平野屋五兵衛（高木）

などもも古金銀吹替御用、徳川家御用方をなした。

三　鴻池家営業の特徴

江戸時代において商人が両替商に預金をなすのは現金の保管をこれに依頼するというよりは、寧ろ、平素なるべく多くの預金を託してその信用の度合を示し、以て他日借入れをなす場合の便宜に備えんとするにあった。だから現金がある時は直ちにこれを両替商に預けこみ、支払いを要する時は現金を引出すことなくいわゆる銀目手形を振出してその用を便じた。商人の預金に対して両替商は一切利子を附せず、貸附には反対に利子をとった。両替商の貸附利子を日歩と称した。元銀一貫目に日息五分とすると月息の一分半にあたるのである。預り手形は預主の希望に従って大小何枚でも分って発行し、あたかも兌換券の如く市場を流通したのである。

質素

両替屋は多額の手形を発行したわけで、正司考祺なども、「世間に唱る千両持は内は二―三百両と心得」（『経済問答秘録』）といっているくらいである。かくて資本を蓄積したほか、日常の消費生活を節約して、貨幣資本の集積につとめた。当時両替屋の信用の厚薄は財産調査を行って決するのではなく、その家計万端質素を尊ぶかどうかによってその信用度を評価した。だから鴻池一族・一統では番頭・支配人に至るまでことごとく河内縞に小倉帯の極めて質素なる服装をなす慣例であった。始末にしていることが信用のあるゆえんであった。看板の如きも別に人目をひくように作られず、一様に両替屋は麻暖簾（のれん）を入口につるし、年を経て破れても新たに取かえず、破れた箇所を継ぎ足して修繕したもので、滅裂の甚しい程信用が鞏（きょう）固（こ）であるとされた。当時両替屋の表構えをよんだ発句に、「蘭の戸や麻の暖簾の乞食継ぎ」というのがある。

その上大名貸によっても利益を得た。大名貸は極めて安い利息であって、年に三分か四分、高くて五分位のものともいわれているが、一概にはいえない。大坂の商人が大名貸をなすのは利子を儲けるためで、元金が返済せられるとは固(もと)より考えなかったのである。また前記の如き扶持米があった。鴻池屋は合計一万石を扶持米として受けたというし、別家ですら七十人扶持を給せられている。しかも直接貸金の収益ではなく、扶持米は全然別途の収入で毎年経常的にうけるものだから、町人の利益は頗る大きいといわざるを得ない。その他進物や報酬もあって、これも亦元金に入れて考えるのが大坂町人であった。大名に金を貸出すのは金をすてる心と考え、すてた金を段々と取りかえす趣向と思っているのが大坂商人であった。蔵屋敷から立入(たちいり)の町人どもに借金を依頼したい時は、廻状を出してお茶屋へ招く。町人はそこではすぐに返事をせず、家々の老分の意見によってきめる。鴻池屋では主人は資産を自儘(じまま)にはあつかわず、老分六－七名の協議でするのがならわしであった。

大名貸は立入が数軒寄合って、適当に割当てて引きうけたものである。その上常に大名貸をやっていると、「利勘」から、そこの大名の経済状態の良否がよく判ったのである。新宮涼庭は『破れ家のつづくり話』の中に次の如く書いている。

鴻地家の利勘

當時ノ町人ハ利不利ヲ見ルコト、サスガ家業トスレバ、諸侯方勝手ノ虛實ハ屋敷ノ衣服、起チ振舞ヒヲ見テ知レルト、鴻池屋善右衛門ノ話ナリ。

自ら警戒して相手をみぬく眼力が出来たのである。

鴻池の町人貸

先にのべた如く鴻池とても何も大名貸ばかりしていたわけではなく、商人に対する貸附をも行っていた。大坂の問屋への融通もしていたし、振手形や預手形をも発行していた。その上、手形より発展した形のバンク・ノートをも発行していた。これは手形の形式をそなえたままで版木にかけ、木版刷にしている。大名貸をせぬことを方針としていた三井家でさえ相当に大名貸をしているが、鴻池ではそれと同じく町人への業務をしていたのである。しかし鴻池は後には主として大

手形の形式をそなえた銀札

（大坂は藩ではないから藩札はなかったが，手形の文言をそなえた両替屋の銀札が流通した。手形から進化したバンク・ノートといえよう。与三吉は鴻池屋の一統で，尼崎町一丁目にあった。）

名貸をするようになったようである。この点三井の場合と対照的である。

三井は一方において呉服・和糸・綿の取引を行う商業資本であり、両替屋も、為替送金の便宜に出ている。すなわち江戸時代の商品はその大部分がいったん大坂や京都の荷受問屋のもとに集められ、その手を経て消費地や江戸に送られた。呉服類もその大半が西陣で生産されたので、大商店が皆京都に仕入店を持っていた。江戸での売上金

公金為替の引受

を上方に送って次の仕入資金に充てる。三井が大坂に店をもったのは大坂御金蔵銀御為替の引受をしたからである。つまり公金為替の引受であった。また三井は

在貸

農村への貸附、在貸・郷貸を多くやった。

大坂の両替屋

ところが鴻池を初め殿村などの大坂の両替屋は寧ろ大名貸に生命があり、その江戸為替も在府諸侯と大坂商人間の金融を簡便円滑にするためであった。これはもともと殿村平右衛門(米屋)の案出したものであるが、鴻池も多くこれによったようだ。

大名貸の方法

大名貸の場合、大坂商人はその要求する金額を一時に貸与せず、これを三分して貸与し、その一部はこれを藩の国元におくり、その一部は藩主が江戸に出るため、途次上坂して滞在するときに貸与し、その一部はこれを江戸にある藩邸に送

江戸為替の方法

った。米屋平右衛門(殿村)が始めた江戸為替法は、この藩邸納付の分は現金を支出

下為替

するの要なく、大坂商人から借金している江戸の商人から大坂商人に送って来る

「下為替（くだりかわせ）」、即ち代金取立為替に相当する手形を江戸藩邸に送り、藩邸は更にこれを関係する江戸両替商に渡して用金調達の用務を便ずる仕組で、この方法によって東西両都商人間の貸借関係が相殺（そうさつ）されたのであった。

つまり三井的のあり方は幕府との関係であり、鴻池的のあり方は諸侯・大名との関係に基本があったといえる。

住友の場合

鴻池に対し、泉屋住友は貞享年間より別子銅山を経営し、銅の精錬と銅取引をなし、時には両替屋をもやったが、これも後にはやめている。また加島屋久左衛門は米屋と両替屋をかねている。米屋石崎（米屋は屋号、米屋殿村の別家）は酒屋と両替屋をかね、辰巳屋久左衛門は両替屋と炭問屋をかねている。商業経営と両替業務とを結びつ

鴻池の場合

けて致富（ちふ）の基礎をなしていた。ところが鴻池家は酒造業や海運業から始めたが、明暦二年両替業を開いてからは、のちに酒造業を廃して、専ら両替業と蔵元・掛屋・大名貸をなしているだけである。いわば典型的な利貸資本だといえる。そし

土地資本家

て別に大規模な新田開発と経営をなしていることは注目すべきである。鴻池新田その他の経営の外、大坂市内にも家屋敷を多く持ち、いわばこうした家持・借家持の代表例でもあったわけだ。これは封建社会における最も安全な投資物が土地だったからである。鴻池はまた、三井と同じく名目金貸附を相当に行っている。

名目金貸附

名目金銀というのは「摂家・宮方・堂上方並ビニ寺院」の貸附金銀であって、それぞれ「御由緒之趣を以テ願イ立」て、幕府の公認を得、「何れも廉立かどたち」たる由緒・名目をもって、百姓・町人・武士に対する小額の高利貸附を行い、通常の町人貸附以上の特別の保護をうけるもので、有栖川宮貸附金・閑院宮貸附金・知恩院宮御用意金や、紀州・尾州・水戸家の御三家名目金などがあった。鴻池資本は安政年中「紀州熊野三山修復料金貸附」に参加している。『両替商沿革史』は、「紀州ニ熊野三山貸附所ト云ヘルモノアリテ、之ハ熊野権現ヘ幕府ヨリ年々祠堂金しどうきんト称スルモノヲ若干奉ルノ例ニテ其奉納金ヲ保存スル為メニ他ニ貸附ケテ利子ヲ取立

熊野三山貸附

テテ扶殖シ行クト云フヲ名目ト為シ、其実ハ鴻池始メ出入ノ富豪家ヨリ薄利ニテ資金ヲ借入レ、是レヲ高クシテ利子ノ牙保ヲ取ルナリ」と説明している。鴻池屋はこうした方にまで進出して致富をはかっているのである。

長者番附の地位

鴻池は三代宗利の時代に大いに発展し、豪富としての基礎をすえたわけであるが、まだ上位に天王寺屋五兵衛などもあり、天明頃の長者番附にはまだ関脇級であったことは前に指摘した通りである。勿論これは天王寺屋が旧家という意味もあろうが、しかし既にして元禄頃より鴻池の実力は相当なものとなり、延宝・貞享の二回の店舗の拡張によって堂々たるものになっていたことは事実であり、享保期以降の御用金に際しては、常にその指定高・請高において筆頭の地位を占めている。そして天王寺屋五兵衛・平野屋五兵衛の格式高い旧家を越えて進出した加島屋久右衛門と共に、常に両々相対峙する実力的な地位に立ち、しかも鴻池の方が加島屋を一歩ぬきんでている。

加島屋広岡家の場合

加島屋広岡家はもとは精米商で寛永二年（一六二

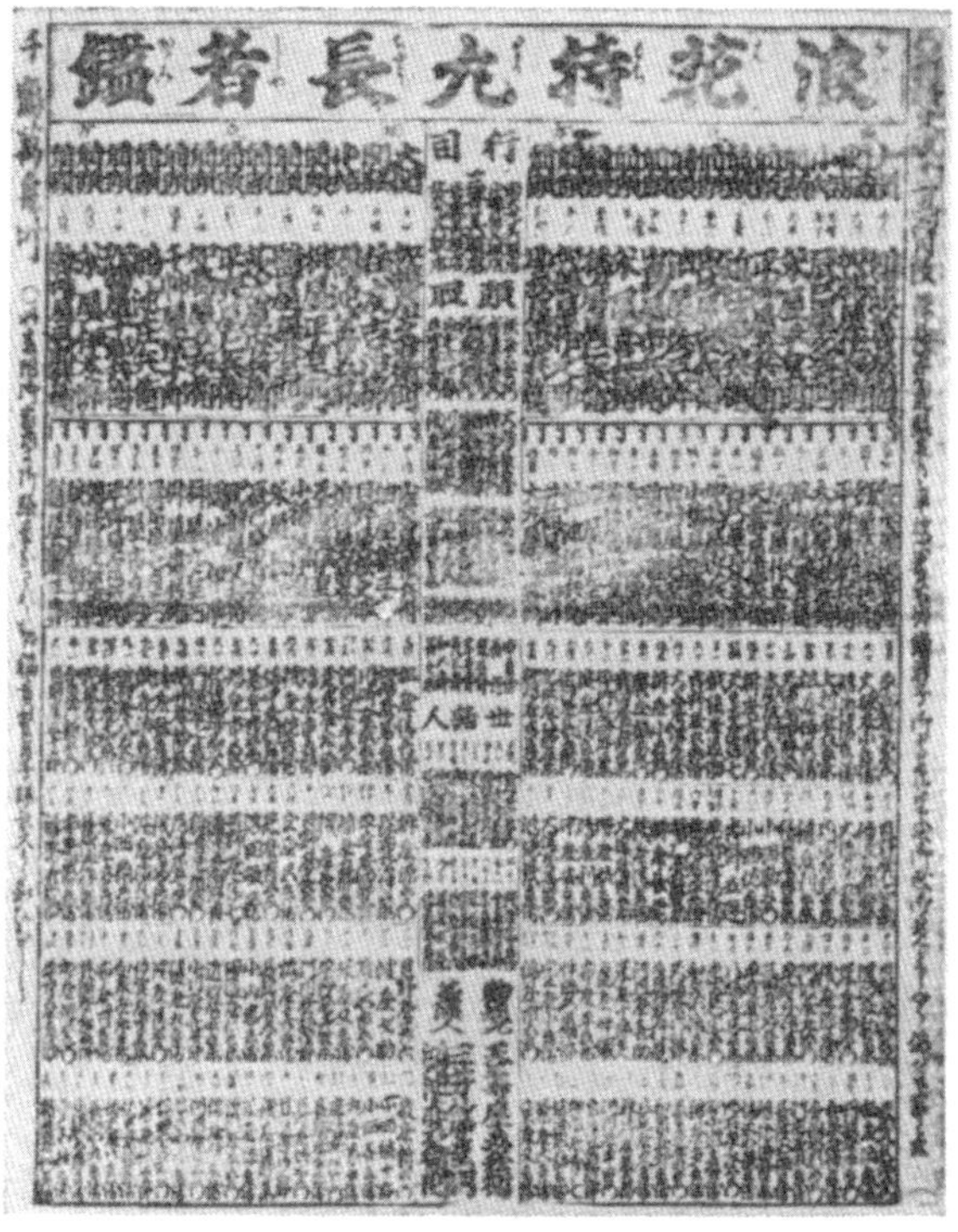

文政十二年の『浪花持丸長者鑑』

五）の開業にかかり、のち両替商になったもので、両替商兼諸国取引米問屋であり、米年寄の一人であった。それは入替両替屋であったから、鴻池などの本両替屋との間に若干のニュアンスの差があったわけである。

文政十二年の長者鑑

文政十二年（一八二九）の『浪花持丸長者鑑』を見ると、東の大関に鴻池善右衛門、西の大関に加島屋久右衛門がおり、東の関脇は加島屋作兵衛、小結は辰巳屋久左衛門、西の関脇は住友吉治郎、小結は鴻池善五郎である。

弘化五年の番附に見る鴻池の地位

降って幕末である弘化五年（嘉永元年）（一八四八）改正の『日本持丸長者集』という番附を見ると、東の大関には鴻池善右衛門、西の大関には加島屋久左衛門、東の関脇には辰巳屋久左衛門、西の関脇には住友吉次郎とあり、それより幕内には鴻池善十郎・同善五郎・米屋平右衛門・塩屋孫左衛門・島屋市兵衛・平野屋五兵衛・加島屋作兵衛・近江屋九兵衛・炭屋安兵衛・茨木屋安右衛門の名があり、頭取には鹿島屋清右衛門・桝屋平右衛門・銭屋左兵衛・油屋彦三郎の名があり、勧進元差添人には天王寺屋五兵衛をあげている。日本の金持中の大関・関脇ことごとくを大坂でしめ、その幕内二十二家のうち大坂の町人が十家あり、頭取・勧進元・同差

長者鑑のいろいろ

嘉永八年のもの

長者筆頭としての鴻池

添人十四人のうち大坂の町人が五家ある。これは大坂の書肆がその頃の世評によって定めた所で、少しは所びいきのところもあろうが、大坂が日本の富を壟断した有様がこの番附をもってしても判るであろう。この種の長者番附・長者鑑は幾種もあるが、嘉永八年(安政元年)(一八五四)の『日本持丸長者鑑』を見ると、東の方の大関には鴻池善右衛門、関脇には辰巳屋久右衛門、小結には千草屋惣十郎があり、西の方の大関は加島屋久右衛門、関脇は米屋平右衛門、小結は加島屋作兵衛である。鴻池の堅固なる地位は明治後もなおつづいており、東の方の三役は鴻池善右衛門・殿村エツ・山口吉郎兵衛、西の方の三役は住友吉左衛門・平瀬亀之輔・芝川又右衛門となっている(明治二年『大日本分限者繁栄鑑』)。この事情は江戸時代中期以後の御用金の負担についてもっともよく窺えるであろう。

四　鴻池と御用金

御用金

江戸時代大坂の富豪に対しては諸侯への大名貸のほか、幕府の御用金もよくかかった。また御用金の外に御買米(おかわせまい)があったというよりも、御買米も一種の御用金である。御買米を命ずるのは米価を引上げて諸家を救済するのが目的で、御用金を命ずるのは諸家に拝借金を許してこれを救済してやるのが目的である。御用金・御買米の「御」の字は、尊敬という意味もあるが、「公儀」を意味している。

御買米

享保十六年（一七三一）に米価が著しく下落し、救済策として江戸・大坂の富豪に令して、米の買持をさせた。大坂町人は六十万石の米を買わされた。この時鴻池一統で買米令に応じた者が、十三名であった。鴻池善右衛門を筆頭に、鴻池善兵衛・鴻池新十郎などが買米を命ぜられた。

先にもちょっとふれたが六代善右衛門は幸行といい、延享元年（一七一六）生れ、寛政七年（一七九五）七月十四日歿、五十二歳、五代宗益の舎弟であった。この人の代、

宝暦十一年の御用金

宝暦十一年（一七六一）に米価引上げの趣旨からする御用金が大坂町人に課せられた。

米価引上げの御用金

これは御買米が姿をかえた御用金で、町人に直接米を買わせる代りに金銀を出させ、それを諸侯の拝借金にあてたり、或いはその一部で米を買わせたのである。この時鴻池は五万両を支出している。こうした御用金は、この宝暦十一年以後、慶応二年（一八六六）迄に前後九回ある。御買米の方は上記の享保十六年を第一回として都合四回であった。

七代善右衛門幸栄・八代幸澄

七代の善右衛門は幸栄（明和四年生、文化元年七月二十五日歿、三十八歳）、八代は幸澄（天明五年生、天保五年八月四日歿、五十歳）であった。

先にもいった如く、鴻池家は鴻池村を本家とし、当主は新右衛門と称し、醸造を営んでいたが、大坂で分家した三家があり、この四軒で酒造をしていた。善右衛門家は三代宗利の代になって酒造業を廃したが、まもなく他の二家もこれを廃し、専ら両替や大名方御用をなし、ただ鴻池村の新右衛門家のみが酒造を続けていた。五代新右衛門が寛政六年（一七九四）に大坂町奉行の下問に答えた文書がある

（『灘酒史』）。これによると、この頃まで鴻池村での醸造はあった如くであるが、この寛政・文化の頃から、その繁栄を池田・伊丹に奪われ、やがて衰滅した。その関係からであろう、早くから大坂の善右衛門家が、宗家としての地位を確立していたようである。

大名貸の交渉と引直し

文化二年（一八〇五）になって、八代幸澄は諸藩から貸金利下げ、又は無利息永年賦に引直しの交渉をうけることが多かった。この頃から各大名の窮乏はますます進んだように思われる。

文化三年の買米令

文化三年には米価が下落し、又々買米令が出た。大坂町人にしてこの命令で強制せられたものが三百十八軒、指定高は百二十二万石余であったが、鴻池一統の買持は七万三千石に及んだ。

この場合は、二十五万石を、融通方十二軒を定めて、それに請負せた。あとは十人両替七人に一万石ずつとし、別に三万石ずつとして、三井八郎右衛門・食次（めしの）

右衛門をあげ、これを筆頭にしてあとがつづいた。鴻善は融通方十二軒の中にはいっているが、その割合は次の如くである。

三萬三千石宛　鴻池屋善右衛門　加島屋久右衛門
二萬五千石　加島屋作兵衛
二萬石宛　辰巳屋久左衛門　鴻池屋又右衛門　同善五郎　米屋平右衛門
一萬七千石宛　近江屋休兵衛　炭屋安兵衛　炭屋善五郎　平野屋五兵衛
一萬千石　島屋市兵衛

鴻善は常に加久と共に群をぬいていることがわかる。以上の如く融通仲間十二軒、十人両替及び市内の富商三十余名を召して買米を命じたが、好結果を得なかった。請高は約六十万石にすぎなかったという。

文化七年・十年の御用金

文化七年十二月、又々大坂西町奉行は融通方十二軒に御用金二十一万両を命じたが、鴻池三家で五万九千二百両を引きうけている（鴻善・鴻又・鴻池屋善五郎）。これは御買米であるが、文化十年六月、大坂町人三百八十余人に御用金を命じた。幕府の要求は百万両。このため大坂の財界は悲況を呈したが、鴻池は銀二千六百三十貫二百匁を上納した。

九代善右衛門幸実

ついで九代目善右衛門幸実(文化三年生、嘉永四年六月二十日歿、四十六歳)の代となる。幸澄の男である。天保元年(一八三〇)以来諸国違作で、また、天保四年には風水害があった。米価騰貴し、窮民が多かった。この時、鴻善は外数名と共に連合して、救恤(きゅうじゅつ)基金として、銀千貫目余を出している。天保二年四月大浚(おおさらえ)があり、大坂の市中のものが砂持をなした。天保山が築き上げられたのはこの時である。これを「大坂町中御加勢砂持」

天保大浚と砂持

というが、堂島・北組伏見町・北新地・津村・上町玉造・玉水町江戸堀・博労町・安土町・白子町の各地、町数凡そ七百余町から多数の人数がくり出した。この際三郷町々並びに諸仲間からも銀子を差上げたが、大坂表の中分町人七十二軒からも出し、とりわけ豪家町人三十六軒から多額の川浚冥加金銀を出している。この場合鴻池屋善右衛門は千三百両で、加島屋久右衛門と共に筆頭である。その中に見える鴻池屋の一統には新十郎家（和泉町）・善五郎（今橋二丁目）・新十郎（今橋二丁目）・市兵衛（尼崎町二丁目）があり、それぞれ相当額を上納している。

大塩の乱と鴻善

また天保五年には諸民困窮し、餓死するものが多かった。鴻善は多量の米と銭二千七百貫を施している。同年八月四日、八代目の幸澄が歿した。また天保八年（一八三七）の大塩の乱の時には鴻善は丸焼けとなり、土蔵三ー四ヵ所も焼落ち、暴徒が乱入して、金銀が沢山に奪いとられるという有様であった。

五　天保十四年の御用金と鴻善

天保十四年の御用金

九代幸実が三十八歳の時、有名なる天保十四年の御用金が命ぜられた。これは宝暦十一年の用金令と共に大きな用金令であった。その金高は百十四万両という莫大な金高であった。これは大坂ばかりでなく、堺・西宮・兵庫からも取立てたけれども、百十四万両のうち堺ほか二ヵ所は極く少部分で、大部分は矢張り大坂で募ったのであった。老中水野越前守忠邦が羽倉外記を下坂せしめて命じたもの、西組与力内山彦次郎がこれを斡旋した。総年寄の薩摩屋仁兵衛を御用金掛に任命した。七月六日、大坂町人六十名を西町奉行所に召喚し、第一に融通方鴻池善右衛門以下十五名、第二に大両替方住友甚兵衛以下六名、第三に残りの茨木屋安右衛門以下三十九名に対し外記から御用金を申渡した。「今回幕府に於ては、諸家救助、窮民賑恤その他仁政を行う為に御用金を募る事にした。諸家の財政が逐年窮地を脱したならば、余沢は大坂町人に及ぶであろう。畢竟巨万の富を握り、一時に数千金の貨殖を得るのは町人自身の力によるけれども、これを諸家が、その祖先が矢石を冒して爵禄を得たものであるに拘らず、なお参軍・軍役・臨時手伝等を勤めるのに比すれば、難易同日の談ではない。まして二百余年の徳沢をうけたのであるから、その恩に感じ奮って用金に応ずる様に」といい渡されたのであ

鴻善の盡力

った。この間に掛与力の内山彦次郎と融通方筆頭の鴻池屋善右衛門は非常に盡力している。大坂西町奉行久須美佐渡守祐明もこの間に盡力したが、外記の取扱いは甚だ不評判であった。町奉行の佐渡守は外記の命令が適当でないにも拘らず、御用金勤高が百十万両に達した事は内山彦次郎と鴻池屋善右衛門の功労だと推賞している。その水野越前守への内報によると、鴻池屋善右衛門は当地別段の富豪にて、質素倹約を守り家法も正しく、富豪に似あわず万端自身で指図をいたす由、殊に当善右衛門は一廉（ひとかど）の人物にて、同人の進退により、外、町人共の気配にもかかわるというが、今度は同人が格別熱心に御用金を勤めた為、外々へ影響し、一同も出精した次第で、殊に同家は是迄度々莫大の御用金を勤めている。おって何分の御沙汰を願いでる心組につき、予（あらかじ）めよろしくというのである。

微妙なる御用金

大坂において御用金という場合、実に微妙なものがあって、町家の格式によって高のふり合いがむずかしいのである。その上高いのも好まないが、特に免除されたりするのもこまるのである。融通方鴻池新十郎・同近江屋休兵衛の両名の場合、一旦申付けられたが、「其方共は近来身上不如意の趣」故、それを強いて相勤めては御仁慈の御趣意にそわぬから、御用金の高は申渡さぬといいわたされた。しかしこれでは両家の身上不如意を官辺で厚意をもって斟酌した処置のようにも見えるが、両家にとっては、これ程迷惑なことはないのであった。一旦命ぜられた御用金の取消しは両家の金融逼迫を官辺で裏書したことになる。これが世間に伝わると、今迄両家から融通のため出した手形を所持する向は一時に店頭に殺到して引替をせまり、両家は支払に差支えて、忽ち閉店せねばならぬ憂目を見るであろう。両替屋が一時に手形の取付にあって、止むを得ず店を閉じることを両替潰しというが、両家は御用金取消しの申渡しによって、まさにこの厄運に遭遇しようとしたのであるから、非常に周章狼狽し、取敢えず上納金を出願し、その後に更に差加金を出願して漸く許可されている。

外記と佐渡守

またちょうど請書の時になって、外記と佐渡守の意見が衝突した。外記は、融通方千草屋宗十郎・同米屋喜兵衛・大両替方近江屋半左衛門の三人は勤高が少ないから、これを省くというのである。しかしこれは余程大坂町人の面子を知らぬやり方である。そこで佐渡守はこれに抗議して、ようやく穏便にした。

また請書当日になって、もう一つ、鴻池善右衛門別口三万両出金という混乱がおこっている。

これより先、外記は鴻池屋善右衛門に十万両を差出すようにと内山彦次郎へ申し談じた。大坂随一の商人と見込んだからであろう。彦次郎は迷惑ながらその旨を善右衛門に通ずると、同人の返答に、自分ばかり十万両のお請をしては、自分一人当地商人の中で別格になる。それでは先祖以来の家法が崩れるから、何分お請はいたしかねる。しかし御用金を勤めている一族の中に実は自分から出金している分もあること故、別に一族の氏名を加えて、十万両の御用金をお請けいたそうが、表面は善右衛門は七万両として貰いたいと願出た。この趣を彦次郎から外記に復命して、外記も承諾した。

融通方のうち、善右衛門と加島屋久右衛門とが七万両の請高である。だからいま善右衛門のみ一人十万両として別格となるのは御免を蒙りたいというのは、当然といわねばならぬ。

ところが請書当日になって、初筆の十万両の下に善右衛門の外に一族の名前を書入れては不体裁であるから、外の名前をのぞくか、あるいは一族何人と書くようにと外記から再三彦次郎へ申聞けた。

彦次郎も甚だ当惑し、然らば善右衛門は七万両とし、一族の分は別段それぞれの銀高を書出させても総銀高に相違ないこと故、本日はそれにて済ませ、後日改めて善右衛門に別段三万両出金の件を談じよう。果して同人が承知するや否やは推量し難いが、最初談判の趣旨と表裏相反したことは何分申聞けかねるといい切っている。外記はそれでは三万両余分になって、都合十万両が鴻池善右衛門への指定高になるとて満足している。

これに対し町奉行の佐渡守は、善右衛門は家法を守り、ほかの町人同様に致したいと申立ている、鴻善が内実に親類家族共へ立替えた分を合せると、二十万両の出金高であるというのに、少しもそれを表面へ出さず、謙退辞譲、町人の亀鑑として賞するに足りる。それにも拘らず右様無体の儀を組与力をして談判せしめようとするのは、支配頭たる町奉行の身にとって遺憾千万であると憤慨して、その旨を越前守に内報したりしている。御用金の指定高は七月二十二日に結局鴻池・加島屋（久）共に十万両になった。しかし、八月二十二日の請高は銀目で貫文をもってあらわされている。即ち鴻池屋善右衛門は加島屋久右衛門と共に筆頭であって、請高は四千五百十貫目。なお鴻善には別口の御用金千四百五十貫目があり、合計鴻池の納入銀は六千三百六十貫に達したのである。この時住友吉左衛門と天王寺屋五兵衛は御用金御免であった。しかも天保十四年御用金として漸く百十四万両の大金を募り得た時、時の老中首座水野忠邦は免職となり、その肱股(ここう)の家臣も多くは免職となったので、募集した時の「窮民賑恤その外普(あまね)く御仁政を施されるため」なる言葉は遂に具体的に実現されず、百十四万両という大金の用途は遂に闇から闇へ葬られてしまったのである。

嘉永三年の貧民救助

また嘉永三年(一八五〇)に米価が百四十三匁に上り、大坂の富豪は貧民救助に努めた。そこで鴻池は銭千貫文を施している。幸実の晩年である。嘉永四年六月幸実歿、行年は四十六歳であった。

六　幕末の御用金と鴻池

十代善右衛門幸富

十代の善右衛門幸富は天保十二年(一八四一)八月二日に山中七郎の長男として生れ、弘化三年(一八四六)九月鴻池新十郎(和泉町)の義弟となり、その身分をもって九歳で本家に入って九代幸実の養子となった。幼名を丑之助また善九郎と称した。八歳にして篠崎小竹の門に入り勉学したという。

献金令

嘉永六年十一月に献金令が出た。これは西丸御普請・御大喪・御代替・将軍宣下、殊に海防に莫大な費用を要する為であった。嘉永六年米艦が浦賀に入り、国書を提出し、上陸するもの三百余人、物情騒然たるものがあった。安政元年（一八五四）ペリーが九艘の軍艦を率いて再渡来、三月和親条約なる。ここに及んで国防費献金令が出され、催促急であった。鴻池の出財は天保御用金の半額であった。この場合、説諭に応じて献金を申出たものは極めて少数であった。掛惣年寄の薩摩屋仁兵衛（比田氏）は申し出でを督促したが、金高は上らなかった。掛与力の内山彦次郎は峻厳な訓諭を与えている。

万延元年の御用金

万延元年（一八六〇）の御用金令は正月十七日に出た。外国に対する処置は勿論、各種臨時の用途が差加わり、殊に本丸再建につき莫大の御用途故、銘々私情を除き、心力を盡して請高を申出でよとしている。用金令により千貫以上を上納したもの十三名、鴻池の出財は五千二百貫目であった。この時井伊大老(直弼)刺され、維新の風雲漸く急である。

この度の用金にも内山彦次郎が掛与力をつとめている。この彦次郎は大塩平八郎騒動の時、抜群の手柄があり、与力としては中々のやり手であったが、後に浪士のために暗殺されてしまった。

元治元年の御用金

第一回の長州征伐の軍用金にあてるため、元治元年(一八六四)御用金令が出た。このたび呼出した人数は百余名で、当十月より明五月まで月割で上納せよと命じ、それに一年四朱の手当を下さるというのであった。鴻善の出財は銀千二百貫目であった。

幕末になると以上のように屢〻御用金・上納金を命じている。例えば嘉永度は献金・上納金で返済しないものであるが、御用金は返済する約束があった。天保十四年のものは一年二朱の利で、二十ヵ年賦で償還する約束であった。ところがこのように幕府財政の逼迫から前の用金の償還が済みきらぬ中に次の用金を命ずると、町人の方ではその償還残額を新規の御用金中へ繰入れ、これを既納分としてその残額を年賦で上納するという約束をする有様で、幕府と大坂町人との間には絶えず莫大な貸借関係があるのであった。

慶応二年の御用金

慶応二年（一八六六）にも御用金令が出た。この頃になると混乱著しく、諸色（しょしき）は高値（たかね）となり、紛々擾々、鼎（かなえ）の沸くが如くであった。督促は矢よりも烈しく、曰く請高を増加せよ、上納期限を短縮せよ、主人自ら出頭せよ、身分不相応の銀高を申上げ、万一御上から身代闕所（けっしょ）の命が下っても、その節に至って執成してはやらぬぞといった有様であった。長州征伐が破裂しても幕府側には軍用金がなかったのである。御用金請高中、万延・元治度の引値（ひきね）分を除き、実際新規に勤める半高を至急に納めよと命じた。しかも上納は百目位で正金をもって上納せよという。当時の相場は金一両に銀百三十目位であるのに、百目位で正金を上納せよというのでは、一両に就て三十目の損である、二重の難儀であると彼等は哀訴したが、ぐずぐずいうなら当地に安住させて置くのも無益だから退去を命ずると脅かして半高を納めさせている。万事はてんやわんやであったらしい。鳥羽・伏見の戦の後はもう幕府の断末魔であった。それでも幕府は慶応度の残りの御用金を督促すること強く、町奉行所に接近した鴻池家の如きは、督促がとりわけ烈しかったという。

七　新選組と鴻池

御用金ではないが、新選組が鴻池その他の大坂町人に無心をいっている。これは相当興味あることであるから述べておこう。

新選組の局長芹沢（せりざわ）鴨が配下の者を引きつれて、初めて大坂に来たのは文久三年（一八六三）四月の下旬であった。彼等は京都守護職の手附となり、新選組を組織していたが、最初の中は守護職から手当を貰っていなかった。従って彼等は服装を整える金もなく、最早その年も四月半ばをすぎて端午の節句だというのに、隊士の大部分は前年から持ちこした綿入を着ている始末であった。そこで芹沢・新見・近藤等が協議した末、とも角も一時の急場しのぎに大坂に下り、天下の長者番附の筆頭に載っている鴻池家に掛合って、当座入用の金子を借用することに決した。かくて芹沢以下八名が大坂に下ったわけで、彼等は八軒家の船着場にあった旅宿京屋忠兵衛方に投宿し、翌日鴻池家に到り、表玄関から乗込んで金二百両の借用を申込んだが、浪人者の無心に馴れている鴻池家では、もとより主人が面会しよう筈はなく、手代をして応待に当らしめ、僅かの包金で追っ払う心算(つもり)であった。然るに芹沢等は京都守護職を笠に着て強請し、暴力にも訴えかねない気勢を示したので、同家でも持てあまし、結局彼等の云うままに金二百両を調達した。芹沢等は大いに満足して京都に引返し、この金によって松原通りの大丸から麻の羽織

近藤勇の証文

新選組隊長近藤勇の借用書

・紋附の単衣（ひとえ）・小倉の袴等を新調し、それぞれ隊士に配付した。

近藤勇は大坂町人の富力に着目し、これを一種の金穴にしようとして、ここで活動資金を捻出（ねんしゅつ）したのである。『鴻池文書』に次の如きものがある。

約定證書

一、今般松平肥後守殿京都御守護職御用途に付、拙者より及ニ頼談一候処、各々方國恩之義深く被レ致ニ感激一、別紙證札之通り出精出銀候段、拙者におゐても大慶に存候。然る上者返濟期日不ニ相滞一候義は無レ之候得共、萬一違約等之義有レ之候はゞ、拙者罷出（リデ）急度（きっと）周旋

返銀可ㇾ為ㇾ取計ㇾ候條、御安心可ㇾ被ㇾ致候。依而約定為ㇾ證書ㇾ如ㇾ件。

元治元年子十二月　　日

新選組隊長　近　藤　勇　印

鴻池善右衛門殿　加嶋屋作兵衛殿　辰巳屋久左衛門殿　米屋平右衛門殿　千草屋惣十郎殿　米屋喜兵衛殿　鴻池庄兵衛殿　平野屋五兵衛殿　嶋屋市兵衛殿　炭屋彦五郎殿　出雲屋孫右衛門殿　鴻池伊兵衛殿　笹屋勘左衛門殿　加嶋屋作五郎殿　加嶋屋市郎兵衛殿　鴻池善五郎殿　近江屋猶之助殿　米屋長兵衛殿　松屋伊兵衛殿　銭屋忠三郎殿　平野四郎五郎殿　竹川彦太郎殿

この証文は近藤勇の自筆で、表面は松平容保（京都守護職）の用途に供する如くであるが、これは近藤等が一時の方便としてその名義を使用したまでのことで、実際上は新選組の活動資金に充てられた。その総高は六千六百貫目であって、内訳の二―三を示すと、鴻善（五百二十四貫百目）・加島屋作兵衛（五百四貫百目）・米屋平右衛門（四百八十貫四百目）・辰久（同上）・鴻庄・炭彦・平五・加島屋市兵衛（以上、三百四十九貫四百目）である。

元治元年頃は金一両に対し銀九十三匁という相場であったから、銀六千六百貫目を金建に換算すると七万一千両になる。これだけを借出した近藤勇らの辣腕は驚くにあたいする。

八　鴻池の家風

家風

鴻池の家風は三代宗利時代に固まったと考えられるが、左に幕末より明治にかけての同家の家風を見よう。同家では十三歳をもって丁稚入りの年齢とし、衣食を給したが、無給であった。

丁稚の修業

鴻池の丁稚は萌黄裏の衣類を着用したとつたえる。手代以上になってはじめて手当を支給せられたという。手当は毎節季銀六十目前後であった。丁稚・手代の間の修養は厳格で、終日叱られ通しで、叱責には腕力が伴ったそうだ。明治時代鴻池の別家であった永田有翠氏の経験談によると、本家に奉公し、算盤で殴られた覚えがあるといっている。手代になって二十ヵ年を経て支配人見習となり、あと二－三年を経て支配人となり、また二－三年を経て別家となった。これを別宅支配人といった。

別宅支配人

鴻池の分家・別家は多く北船場（せんば）や上町の和泉町に多かった。一家中有名なのは鴻池又右衛門（和泉町）のほか、同新十郎・同善五郎・同善作・同善之助・同鶴之助があり、別家支店には鴻池屋庄兵衛・同伊助・同伊兵衛・同篤兵衛・同市兵衛があって、いずれも大家であった。

文政十二年正月再版の『大坂両替手形便覧』によると、鴻池屋を名乗る大坂の両替屋は次の如くである。

今橋二丁目　十人両替　鴻池屋善右衛門
同　　町　同　　善五郎（両替ではないが手形のよくまわる家）
同　　町　十人両替　同　　庄兵衛

文政十三年『大坂両替手形便覧』　（鴻池一統の名がわかる）

同　町　同　とく
同　町　同　伊助
尼崎町一丁目　同　市兵衛
同　　同　重太郎
大川町　同　與三吉

鴻池屋伊助

三貨図彙

鴻池屋伊助は有名な草間伊助の家で、今橋の本家附近（今橋二丁目）に住んでいた。山片蟠桃と双璧の町人学者で、『草間伊助筆記』や『三貨図彙（さんかずい）』をあらわした。通称伊助。京都の人桝屋唯右衛門の子として宝暦三年（一七五三）九月に生れ、十歳にして鴻池屋に仕え、信用を得て鴻池の別家草間家の女婿となったもの。文化五年（一八〇八）独立して両替屋を営んだ。鴻池伊助の名は四方に聞え、肥前及び南部の両藩をはじめ、諸侯の財政整理をなした。

中原庄兵衛

三別家

幕末から明治時代において中原庄兵衛・鴻池伊兵衛・鴻池徳兵衛を三別家と称した。庄兵衛は今橋二丁目鴻池本宅の向い、伊兵衛は今橋四丁目の西北角。徳兵衛は今橋二丁目中橋筋角。伊兵衛家は絶家したが、長男は草間貞次郎といい鴻池家に勤務した。庄兵衛は後に中之島二丁目にうつった。なお明治三十年頃の有力なる別家には武田伴兵衛・蘆田安三郎・永田彦作・蘆田順三郎などがあった。

この蘆田順三郎の父を鴻池九十郎というが、この人は支配人として、大なる権力を有していた。これは殿村(とのむら)の支配人米屋幸助(佐野)・米屋半兵衛(米久)に比すべき人であり、また辰巳屋には伊東太三郎なるものがいて、いずれも著名であった。武田伴兵衛は中原庄兵衛の実兄、蘆田安三郎は安助の長男、永田彦作は安助の娘聟(むこ)であった。

江戸時代の町人には氏はなく、屋号と名とを唱えた。しかしそれは面倒くさいので、屋号の上の字と名前の上の一字をつけてよぶ慣習があった。天王寺屋五兵衛なら天五、平野屋五兵衛なら平五というたぐいである。鴻池屋善右衛門は鴻善である。鴻新・鴻庄そのほかも同様である。

鴻池氏系図と鴻池

鴻善は先にもいったように山中姓をなのり、山中鹿之助の後裔だと伝えているが、これについては面白い挿話がある。ある日、槍を立て駕籠（かご）をつらせた立派な武士が来て、何の某と名乗り、自分の先祖は山中鹿之助である。承れば御宅も山中鹿之助の血筋であられるとのこと、ゆかしく存じてお尋ねした次第であるが、どうか御懇意に願いたいと丁寧に申入れた。ところが鴻池屋では、手前共は決してそんな血筋の者ではないからといって断ってしまった。山中の子孫であろうが、何の子孫であろうが、町人に氏素性（すじょう）なしで、そこを鴻池屋はよく知っていて、親類附合いを断ったわけである。もっとも合理的に割切った生活をしていたといえる。氏素性なしとすれば家業の存続が第一義である。だから妙なかかわり合いを警戒したのである。

家の掟

鴻池家の家訓に関しては、久須美祐雋（くすみゆうしゅん）の『浪花の風』に次ぐ如く書かれている。

當地にて名高き富商鴻池善右衛門が家の掟（おきて）は貝原篤信が定むる所といふ。此事を其家に尋るに、左様なること決して無レ之よしを答ふといふ。されど世上にて貝原が定るといふ説、一般に唱ふることにて、按るに何か子細ありて、此事を善右衛門方にては深く秘する事にやと思はる。何にいたせ、其家の掟は規則能く整ひて代々是を守るといふ。其一つを云はば、店に居る若きものも數十人なれども、其着服・四季施等皆古來よりの仕來りを守る故、他の店の者と混れることなく、且此ものども時々寄て、店の引けし後は、夜中十人・二十人寄集りて酒のみ戯れ遊び、淨瑠璃又は亂舞抔の學びをなして興ずることあり。是を陰にて聞時は、美酒・嘉肴ありて大酒宴の有様なれども、其席を伺ひ見れば、肴といふものもなく、先は菜漬の香の物か、左もなくば鹽鰯抔を少々計り肴となして、酒のみ樂む體、實に二百年も以前はかくやありけんと思はるゝことにて、今世の目より見る時は、興のさめたる體なりといふ。又すべて當地の豪家のもの所持の別莊・抱地抔の家作いづれも良材を用ひ、精工を撰み、尤美を盡して結構に營めり。然るに善右衛門が別莊は手廣なれども、規則に外れしことなく、去る天保十四年卯年に御改革の命ありし頃、外豪家の別莊の家作は長押造・付書院を初、種々身分不相應の造作故、俄に大工を雇ひ、昼夜を争ひ模様替にて、大に混雜せしことありしに、善右衛門が別莊のみは規則に外れしことなき故に、更に手入抔といふことなく、其儘にて濟せしといふこと、萬事この一・二事に付て、其儘の家法正しき事推て知るべきなり。

鴻池家が家法正しく、質素倹約であった事がわかろう。寛政年中大坂に火事があり、鴻池家も焼けた。改築するに当って、土を掘って三尺すてて、新しく土を入れかえるというのに、番頭はなかなか聞かない。鴻池の身代で三尺の土を掘って入れかえるのはなんでもないが、土を掘っていれかえるのは高貴の人のすることで町人のすることではない。子孫のいましめにならぬというのである。そして主人と争った後、帰宅して自殺してしまう。そこで主人も思いとどまる。それぞれの分をまもって、僭上のことをしない建前なのであった（『北窻瑣談』）。

分限

江戸時代の大坂の特徴として、市内にあまり駕籠がないことがあげられる（『浪花の風』）。大坂随一の豪富である鴻善さえ、雨天でも駕籠にのらず、一僕をつれ高足駄を穿いて勤めたという。これは質素倹約ということもあるが、また格式ばらぬ平民主義が大坂にあったことのあらわれである。上下をぬいで、お高くとまらな

格式ばらぬ平民主義

いでいる所が、大坂人の生活態度であったといえる。海保青陵は、「大坂の町人はとんと格式はなしとしたるものなり。出入屋敷より格式をくれてもとんとかまわぬ也」としている。江戸においてこそ、格式は町人統治の妙計であっても、大坂では別にそれに頓着せず、「実をとる」といういき方が勝っていたといえよう。

大坂の町人は相当に余暇生活をもなし、一定限度以上は、儲けて後の遊びが考えられた。鴻池家も長者らしい遊芸や趣味をたしなんでいる。しかしそれを無限に追求することはさけた。芸事は余技であり、教養にすぎぬ。鴻池の菩提寺や下屋敷には一流の茶室があったけれども、鴻池家の本邸や鴻池新田会所には茶室がなかった。本邸は両替の本舗であり、新田会所はちょっとした司法・行政事務まで代行する公の場所である。代官などの接待も行われた所である。だから同家ではこの会所にも茶室を作ろうとの説がしばしば出たが、その都度否決された。営業の場所でもあるし、日常生活の本拠でもある本邸や新田会所に茶室をおかなかった所に、町人としての鴻池の面目があった。

あてがい扶持と主人

大坂の大町人では奥と店、家計と企業が早くも一応分離しており、主人と雖も「あてがい扶持」で暮したものであるが、鴻池でも資金の如き、主人は自儘に扱うことが出来ず、老分六－七名があって（別家にして通勤するもの）、諸事はそれらの協議の上できめられた。手代達が各藩の蔵屋敷に出入りする場合も、この老分の指揮に従ったという（『商業慣例調』東京商工会議所編）。

『浪華百事談』中には鴻池の家風を窺わしめるに足る挿話をいくつかあげている。次に示そう。

挿話二－三

正月の飾物

浪花の旧慣によると、毎年正月の門飾を大厦は美しくしたものである。あるいは大門松を立てそれに注連縄をかけ、橙・柑子・串柿・海老・昆布などをつけた大飾をしたが、鴻池家は僅か三尺ばかりの小松を表の柱に立て、注連縄も粗末なものであったという。

祭礼の献燈

産土神坐摩神社の祭礼の時も、軒端に献燈の提灯を多く出さず、入口に家の紋の五つ山を画いた提灯一張を出すのみであった。

宗　旨

大坂の町家では宗旨は本家の宗門を、新宅及び別家にも伝えたのが一般であるが、鴻池のみはその例なく、本家は禅宗であったが、新宅・別家はその好む所の宗門を信ずることが出来、真言宗も浄土宗も真宗もあった。この点自由で拘束的でなかったわけである。

丁稚奉公

別家の子供は必ず本家に出て丁稚奉公をした。たとえ別家の子であっても、本家に勤仕しないものは別家の相続人たるを許さなかった。別家以外から出るものはすべて町人(自居の者)二名の請人を必要とした。

妻女の場合

新宅または別家の妻女が年若くして未亡人になっても、後夫を迎え、あるいは他に嫁することを許さなかった。若しこれをなすときは、直ちに鴻池屋の屋号を本家に没収したと伝える。別家の妻女は式日に本家に礼に行くのが例であったが、鴻池家ではこの例がなく、家婢（かひ）をもって祝辞をのべさせた。婦人髪の結（ゆ）い様もこの一門は一風があって、髷（まげ）のかざりの櫛（くし）・笄（こうがい）・かんざし等に鼈甲（べっこう）を用いることなく、玳瑁（たいまい）まがい（馬爪の四方張）・象牙あるいは秋田春慶（しゅんけい）塗にて製したものを用いたという。

家婢の姿も他家とはちがって、年少のものの髪のかざりに紙製のかのこを掛けた。丁稚中、年若く、未だ髷（まげ）をいわないもののみ、振袖を着せたと伝える。以上の挿話は『浪華百華談』によるが、新田会所の台所や本家・和泉町にあった貼紙による正月の行事献立表などを見ても、その生活様式が質素であったことが窺える。

九　明治維新と鴻池

慶応三年（一八六七）、幕府は神戸及び大坂両居留地の工事並びに貿易上の設備をなすため、多額の経費を要するので、大坂の豪商二十名に出資せしめて、一つの商社(コンペニー)を作らせた。のち更に六十余名の町人にも商社御用達を命じて、出資を行わしめようとし、他日関税収入によって、その経費負担額を返済し得るまで、これに金札発行の特権を附与した。もっともこの商社に加入しない者でも、貿易をなすことが出来た。この商社の組織は十分に明らかでないが、西洋の制度によって設立されたものと称せられている。即ち会社組織の萌芽をなすものといわれている。この商社の御用の令が下ると、慶応三年六月に鴻池善右衛門は肝煎(きもいり)の筆頭になっている。しかしこの金札は世人の信用甚だ薄く、これを手にしたものは直ちに引替を請う有様であったという。

大体幕府は硬貨主義で、紙幣を発行しなかった。初めて発行したのは慶応三年のことで、それをもってまた最終とした。

各藩には藩札があった。藩札は藩内限りの通用であるが、慶応二年に至り、初

紀州家の五カ国通用銀札

めて異例を見た。即ち紀州家では同藩発行の銀札を向う十ヵ年間大和・河内・和泉・摂津・播磨五ヵ国に通用するの許可を得、その引替方を三井八郎右衛門・山中善右衛門・長田作兵衛・米屋平右衛門・平野屋五兵衛・鴻池善五郎・辰巳屋久左衛門・加島屋作次郎・米屋喜兵衛・笹屋勘左衛門の十軒に依頼した。同年十二月高麗橋三丁目に引替所を設立し、次いで「銀一匁此銭百文」と書いた銭札をも発行し、許可を得て、銀札同様に五ヵ国に通用せしめた。鴻池はその引替所であったが、慶応三年十二月に至り引替所について引替を請うものが群集し、頗る混雑したという。

吹田四郎兵衛

しかし紀州銀札の発行については、鴻池よりも大坂の三井両替店にいた番頭吹田四郎兵衛が首脳者になっている。この銀札は松田儀十郎（山縁）という銅版師に彫らせている。この人は美濃加納・摂津高槻の藩札をも彫ったが、慶応二年に紀州五ヵ国通用銀札をも彫っている。この技術が太政官札につたわったことを忘れてはならぬ。

いよいよ明治維新に際し、鴻池は新政府に対しなみなみならぬ奉公、財政的な貢献をすることになる。

慶応三年十二月二十三日金穀出納所が出来、参与三岡八郎・林左門がその取締となり、金穀徴収のことをつとめ、三井組は現金出納をなした。三井組・島田組・小野組の献金も行われたが、大坂町人の鴻池屋善右衛門・加島屋久右衛門・加島屋作兵衛・米屋平兵衛・平野屋五兵衛・辰巳屋久左衛門・千草屋宗十郎・炭屋安兵衛・炭屋彦五郎・米屋善兵衛の十名も、慶応三年十二月二十九日京都に召しだされたが、この時は年末でいそがしいとの理由で出頭しなかった。

会計基立金と鴻池

やがて慶応四年（明治元年）（一八六八）正月七日、前将軍慶喜（よしのぶ）は開陽丸にのって江戸に帰ってしまう。そして太政官会議が開かれて、三岡八郎の主唱で会計基立金三百万両を集めることになる。一月十九日禁裏御使畑肥前守（後院北面衆）が来坂し主なる人々を説く。そこで一月二十九日、大坂町人も出京することになる。京都と合せて百三十人くらいが二条城に集められた。

三岡八郎は二月十三日に来坂、鴻池善右衛門以下十五名の豪商をその宿に召した。旅宿は松屋町大手筋西入ル殿村の別家吉田惣兵衛方であった。殿村平右衛門（米平）の別家米惣である。この時大坂の十五名の豪商は会計裁判所御用掛を仰せつけられてしまった。鴻池がその中にいたことは勿論である。鴻池は率先献金に盡力した。また明治元年中、太政官より召され、会計官出納司判事心得をもって奥州御親征御東行供奉を命ぜられ、三井治郎右衛門・長田作兵衛らと共に江戸に着した。これと同時に会津の乱が鎮定したから、御親征も中止となり、同年十二月末に帰坂した。

銀目廃止

この元年五月九日に銀目廃止が行われ、大坂の財界は混乱し、両替屋の閉店・倒産するものが多かったが、鴻池屋は影響をあまりうけないで存続し得た。

明治二年七月、銭十貫文を一両と定められた。鴻池家は二年六月九万両の御用金令をうけ、三万両を即納している。また通商為替会社が設けられると鴻池善右衛門はその頭取となり、金札引換事務に当った。

貿易商社盡力組

また通商会社の下には市中商社や貿易商社が数多く設立されたが、明治三年三月に、鴻池は広岡久左衛門・長田作兵衛と共に貿易商社盡力組を結んでいる。そして貿易をするために、盡力組にて金子借用方を開商会社に願い出ている。この盡力組が後に山広谷長平（長田・広岡・山中三者合同）に発展したものと推察される。

明治三年、為替一番組大阪屋市太郎なる両替店を鴻池家で設立した。

本家筋

同年庶民に姓を許された時、今橋と和泉町（又右衛門）の鴻池屋のみ山中より鴻池姓を称して、他の一門の分家と区別するに至った（五年ともいうが）。これはあたかも徳川御三家がその他松平姓に対すると同じ意味を持つもので、今橋の鴻池屋が従来持ちつづけて来た本家筋をあらためて表明したものとして注目すべきである。

明治四年は廃藩置県の断行された年である。しかもこのため町人より諸大名への貸金は概ね抹殺された。即ち天保十四年(一八四三)以前の旧藩債は旧債として廃棄した。弘化元年(一八四四)より慶応三年迄の藩債に対しては中債として無利息五十ヵ年賦償還とした。明治元年より五年迄の藩債に対しては新債として四分利付二十五ヵ年の公債とした。このため大阪商人のうけた打撃は大きく、当時七十六藩と取引のあった鴻池の損失は莫大であった。

明治六年四月附の藩債高は次の如くである。

中公債

五十ケ年賦之分総計

金六万六千七百五拾三圓拾七錢八厘

銀壹万七千百九拾九貫四百三拾九匁七分五厘

内金二千七百四圓三拾三錢五厘(元岡山藩負債之内へ元入受取分)

先渡り米代價

元金澤藩　元名古屋藩　元和歌山藩　元福岡藩　元廣島藩
元津藩　元福井藩　元岡山藩　元高知藩
　以下十五藩

　　新公債

　二十五ケ年賦之分總計
元金拾八万九千百三拾四圓二拾三錢
元銀百七拾五貫五百六拾目
　元金澤藩　元名古屋藩　元和歌山藩
外十四藩

　〆
　滯利金九千五百八拾二圓九十九錢
滯利銀二拾七貫二百六拾三匁四厘
　元金澤藩　元名古屋藩　元和歌山藩
　　外十二藩

蓬萊社

一〇 明治時代の鴻池

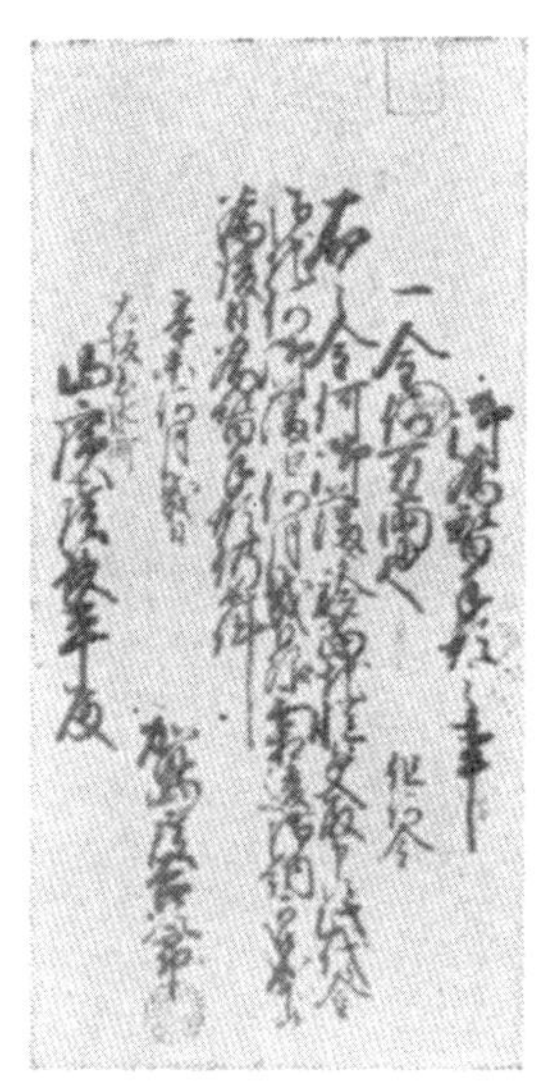

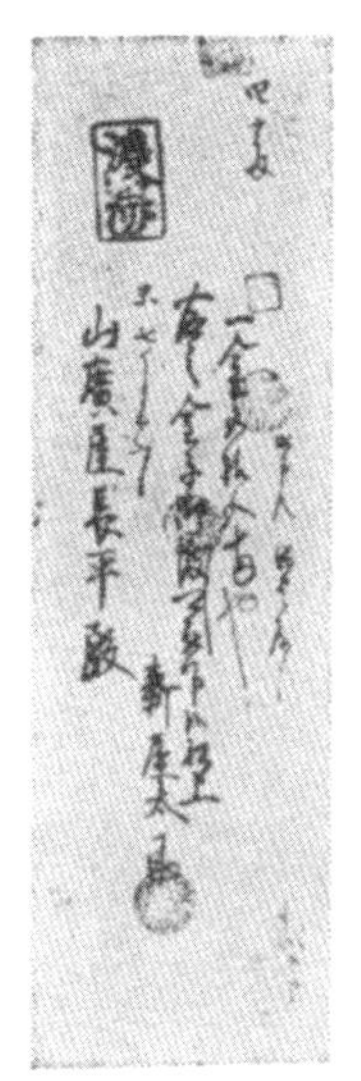

山広屋長平時代の手形
（左は振り手形，右は御為替手形の雛形）

明治五年、善右衛門は六海社・蓬萊社の経営に関係し、また阪栄社なるものを組織した。

近代的な金融機関の設立と政府発行の不換紙幣を整理する目的をもって、明治五年十一月政府は米国の銀行制度にならい、国立銀行条例を発布し、為替会社を廃止した。そこで鴻池家は大阪及び四国の富豪と共同して、大阪に第三国立銀行の設立を出願したが、発起人間に内紛があって、折角設立認可を得ながら、開業するに至らなかった。その代り明治六年中に三井家と組合で、鴻池は堂島両替店を興し、また明治四年二月頃既に広岡・長田両家と組合で山広谷長平(山広屋)なる商店も開いた(山中の山、広岡の広、長田の長を組合わせたもの)。

堂島両替店と山広谷長平

第十三国立銀行

明治九年国立銀行条例が改正されると、翌十年一月早くも鴻池家は第十三国立銀行の設立を出願した。発起人は十代善右衛門幸富・善九郎の両氏に、一族山中家の数氏を加えたもので、他の協力をもとめなかった。同行は改正条例による大阪最初の国立銀行で、明治十年五月十五日開業免状を下付され、同月二十一日今橋二丁目において開業した。資本金は二十万円で、善右衛門幸富が社長となった。東京に支店を開き、十一年には資本金を五十万円に増資し、鴻池家の信用と資力によって在阪業界の首位に上った。

大阪倉庫会社

明治十六年五月大阪倉庫会社を創立し、鴻池善次郎(十一代)が社長となった。これは大阪の倉庫会社の最初だといわれる。同社は資本金二十万円をもって、外山脩造ほか八名の者が主として鴻池一家の出資を得てこれを創立したもので、十六年五月十日、北区中之島二丁目において開業した。この会社の株主は同時に大阪融通会社を創立した。

大阪融通会社

大阪融通会社は倉庫保管貨物の金融機関として、専ら大阪倉庫会社の預券のみを取扱った。しかし当時一般の荷主はなお問屋を利用し、倉庫会社を利用する事に馴れず、同社の業績は挙らず、十九年農商務大臣に保護を出願せざるを得ない窮状にあった。しかし明治三十年になると俄然倉庫会社が大阪市内に於ても増加するに至っている。

十一代善右衛門幸方

明治二十年七月、十代善右衛門幸富は喜右衛門と改名して、家を十一代善右衛門幸方にゆずっている。幸富は号を香雲庵炉酔と称し、俳句をよくしたが、この頃から健康を害したためである。大正九年六月十六日歿。幸方は慶応元年（一八六五）五月二十五日生れ、幼名丑之助、のち善次郎と改め、明治十七年一月家督相続、二十年七月善右衛門を襲名したものである。

鴻池銀行と和泉町銀行

明治三十年三月一日、資本金五十万円をもって個人経営の鴻池銀行を興し、第十三国立銀行の営業を継承した。善右衛門幸方はその頭取であった。第十三国立銀行は五月十四日満期、平穏に閉鎖した。三十二年資本金を百万円となし、三十三年には資本金二百万円の合名会社鴻池銀行とした。この時和泉町銀行を合併した。その後各地に支店網を拡張し、大いに発展した。大正八年株式組織に変更し、行務（こうむ）いよいよ隆盛に赴いた。また善右衛門は日本生命保険株式会社々長・大阪倉庫会社々長・大阪貯蓄銀行頭取をかねていたが、のち大阪貯蓄銀行並びに日本生命保険の経営を山口吉郎兵衛に委（ゆだ）ね、大阪倉庫会社を三井家に譲渡し、専ら鴻池銀行の経営に当り、大正八年に設立された摂津信託会社を買収して、鴻池信託会社を創立、大正十年鴻池合名会社を興して有価証券の売買、土地・家屋の賃貸・譲渡等を経営した。昭和二年の金融恐慌にも鴻池家の地位は堅く、危機を脱することを得た。十一代善右衛門は、昭和六年三月十八日に歿した。年六十七。なお明治三十九年国防費献金の功によって男爵を授けられた。

鴻池新十郎

先に明治三十三年十二月に和泉町銀行を合併した事をのべたが、これは鴻池新十郎の経営するところである。新十郎は十代善右衛門幸富（のち喜右衛門）の二男として明治四年二月十日に生れた。幼名を善九郎といい、明治三十三年、同族和泉町なる鴻池家を相続して新十郎を襲名した。その先代の新十郎は和泉町（二丁目）に生れ、嘉永三年九月相続、維新後は両替商を廃して、新田農耕の改良にあたっていた。貴族院議員ともなったが、明治二十六年四月歿した。幸富の子善九郎が相続したのはこの新十郎家である。今橋と和泉町家のみが鴻池姓をなのり、他は山中となった事は先にのべた通りである。新十郎は兄善右衛門を扶け、頗る覇気にとみ、大阪財界に活躍したが、昭和四年十月歿した。年五十九。

三和銀行

大正八年九月、合名会社鴻池銀行は資本金一千万円の株式会社鴻池銀行となっ

十二代善右衛門幸昌

たが、昭和八年十二月株式会社三和銀行が創立されたので、それに合流するため解散した。なお十二代の善右衛門幸昌は明治十六年十一月二日生れ、初め万蔵と称した。昭和六年襲名し、且つ襲爵して男爵となる。時に四十九歳であった。

思うに、維新に際して鴻池の発展には立遅れがあった。会計官三岡八郎は会計官御用掛鴻池善右衛門以下大阪の両替商を大阪出納掛屋(かけや)に任命しようとする意図をもっていたが、彼等は謝絶した。そして京都より来た三井・島田・小野の各組が掛屋を拝命してしまう。鴻池はこのようにして御一新に際し、新政権へ結びつくことにおくれてしまった。新政権の御為替方として公金を利殖し得た三井組や小野組に対して、まったく敗れたりといわねばならぬ。そのうえに藩債処分である。七十六藩と取引していた鴻池の打撃や思うべきである。更にまた新官僚への結托も足りない。元来は両替商として利貸資本一本で来た鴻池には、商業や産業への機能的資本が欠除している。維新後の原蓄過程においては、かくて退化せざるを得ない。旧来の豪族三井・住友、或は新興の三菱の強行的資本蓄積に引きはなされてしまう。僅かに、銀行資本を中心として残ったが、早くも明治三十年代において大阪における諸地方銀行にさえ凌駕(りょうが)されてしまったのである。江戸時代において典型的であった利貸資本、商業や産業の機能的性質を欠いた両替資本の衰退を、もっとも鮮かに示すものといえよう。産業構造や社会機構の変革に対応し得なかった企業経営の一つの姿をこの鴻池の消長の中に見てもよいであろう。

三和銀行に合併後は割合に閑散な地位について、悠々たる生活を鴻池家はおくられたようだ。昭和十一年九月、鴻池新田の一部において住宅経営に着手した。昭和十五年六月十二日、美術品の一部を松筠亭(しょうきんてい)蔵品として入札に附した。

三和信託株式会社

また十五年十二月二十八日、鴻池・共同・関西の三信託会社が合併して、三和信託株式会社を設立することとなり、十六年三月三十一日に三和信託創立、善右衛門はその取締役となった。

農地改革

終戦後の農地改革において、鴻池新田その他に多数の田畑を所有していた鴻池家の打撃は甚大であった。しかし大阪府最大の地主の一人として、鴻池家は謙虚に法に従い、農地解放は円滑に実行された。その後、昭和二十九年一月十六日に第十二代の善右衛門幸昌は逝去し、十三代善右衛門正通氏が相続された。この人は大正三年十二月十二日生れで、時に四十一歳、現に鴻池合名会社の社長である。

十二代幸昌逝去　十三代正通相続

二　鴻池の性格と運命

武家の出自と町人

鴻池が山中鹿之助という戦国の武将のあとであることは注目すべきことであるが、江戸時代初期の商人には武士や農民から転化したものが多かったのである。たとえば角倉（すみのくら）や茶屋などの御用商人や、三井や鴻池・住友などの元禄期に興隆した新興商人も多くは武士の出自（しゅつじ）であり、近江商人なども大部分は織田家や佐々木家の家臣から商人に転じている。ことに近世初期にはまだ士農工商の身分が明確

大坂商人の出自

に定まらなかったので、たとえば「武士に候へば一郡之城主、町人・百姓致候得ばその国之長者に成と申候」（『中嶋両以記』）といった意識がみえ、この点商人となったものも溌剌としていたのである。

漆屋

住友家

天五・平五

淀屋と木屋

なお大坂の商人中武士の出身の例を更にもとめると、例えば漆屋仁右衛門は源氏系の武士の末孫として早く商業に転職し、永禄・天正年間に漆屋と称し、漆商を営んだ（北久太郎町二丁目、明暦年間吉野屋となる）。住友は始祖政友の時に富士屋と号して書肆（本屋）・鉄買、後に薬種を取扱い、寛永年間には泉屋として大坂に店舗を開き、銅商を営んだ。天王寺屋五兵衛は寛永五年の創業、平野屋五兵衛は大和国高木村の出身で源氏系、慶安三年に今橋一丁目で両替屋を開業、淀屋个庵は寛永九年より諸侯の蔵米の販売を引請け、永瀬七郎右衛門は肥後国の浪人出身で材木屋を営み、二代七郎右衛門の時に木屋と号し、西横堀を開き、寛永四年に北組の惣年寄の一人となり、傍ら糸割符人取締りであった。

初期の門閥的特権商人

三町人

草分け町人

寛文元禄期の町人

しかも近世初頭において、勢力ある大坂商人は特権的な商人だったのである。徳川氏と特別の関係をもったものも多かった。江戸初期の寛永に、尼崎屋又右衛門・寺島藤左衛門・山村与助の三町人があらわれ、徳川氏との縁故によって特権をもって城内の請負をなし、大工・左官を支配している。また大坂を草分け的に開発した人々がいる。例えば淀屋个庵やその父常安がいる。中之島を開いたり、新靭町・新天満町・海部堀町を開いた。安井道頓・道卜は道頓堀を開き、寛永年間には四貫島・九条島を開発した香西哲雲(江戸の人)や池上新兵衛がおり、また宍喰屋次郎右衛門は立売堀川を開鑿した。木屋永瀬七郎右衛門は西横堀を開いている。こうした開発町人・草分町人は元締衆=総年寄として、大坂の自治制にも参劃している。また糸割符人であったりする。ところが寛文・元禄期になると、また新たなる町人層が抬頭するようになる。鴻池はこうした気運にのって現われたもので、初期の特権商人が権力に奉仕することにより施与されるという寄生的な地位

袖長町人

をもち、いわば袖長町人であったので、元禄期の新しい商品貨幣経済の波にのり得なかったのである。西鶴が「むかしの長者絶えれば、新長者の見えわたり、はんじょうは次第まさりなり」（『日本永代蔵』巻六）と書いているが、現実に新旧商人層の交替が行われたのであった。鴻池は在郷的な酒屋より興ったが、江戸送りという流通過程を担当しつつ大をなし、大坂に移って都市商人となり、海運業をなすと共に、寛文・元禄期の貢租米体系の整備、蔵物商品化に寄りつつ、領主的貨幣経済の発達に乗って致富し、更に両替商となったものである。思うに寛文・元禄期に抬頭した町人の中核は問屋と両替商であったが、概ね商品取引資本は同時に利貸資本であるという経営方式をとることが多かった。加島屋久右衛門が米方両替であると共に米仲買であり、辰巳屋久左衛門が炭問屋であり、米屋石崎は酒屋と両替屋を兼ねていた。ところが鴻池はのちに酒屋・海運業を廃して、両替屋一本にまとめて営業している。三井などが両替屋をしながらなお重点を呉服屋においていた

新旧商人の交替

問屋と両替商

三井と鴻池

のと対照的である。また幕府の掛屋(かけや)をなし、公金取扱いをもなしてはいるが、鴻池の本質は大名貸に重点があったようである。複数の多数大名との結託に営業の中心があったわけだが、問屋商人に対する融通をも大いにやっている。鴻池は大体三代の宗利の時までに発展の頂点に達したわけである。

元禄享保期の特権商人

そして多くの町人と共に元禄・享保期の新特権商人に上昇したと考えられる。しかも市街地を次ぎ次ぎに入手し、また新田開発にも着手し、これも着々地代収益をあげることに眼目をおいている。

本町人

恰かも、このころの町人の特質は、本町人として地道(じみち)な生活感情をもつものとなって来ている。蔵物をあつかい、大名貸をなし、蔵屋敷に結ぶことはあっても、やはり自らの手で、自らの智慧才覚で手堅く取引をなすものであった。

自らの智慧才覚

投機的(スペキュラチーブ)よりも計算的(カリキュラチーブ)に、たとえ儲けは少なくとも、少しずつの利を積んでいこうとしたのである。堅実な利を忍耐と節約とでかせぎ出そうとしている。これは鴻池の家訓や営業方針を見ても判る。住友が政友・友以・友信・友芳ぐらいまでの間に巨商としての地盤を築いたのと同じく、鴻池も始祖新六・初代正成・二代之宗・三代宗利までの間に大体富豪としての地歩を築いている。あとは守成的にただ着実な経営をなし、豪福としての体面をたもつに努めるのみであったとも考えられる。鴻池善右衛門という屋号は、当主は替っても常に存在し、父祖伝来の家格を守り、個性的なものはただ死後の戒名のみであるというくらいになった。その人が何代目であるかは家系とつき合わさないとなかなか判らない。「相替らず」を相言葉とする時代では、家系の中の個性的な事蹟は明白にならない。本書では大体新六より宗利までに焦点を合わせて詳しく論述したが、代々を通じて善右衛門という名は原則として普通名詞的に常に存続しているので、大体広い意味で鴻池家を一貫して明治・大正期まで簡単にのべたのである。

始祖より三代目まで

相替らず

江戸時代も中期になると世の中が固定し、富豪は番頭・手代・丁稚の構成と、分家・別家の暖簾(のれん)内の結合の下にあり、家長は没個性的な存在となり、手代・番

老分の制

頭まかせとなる。いわゆる老分の制度である。

始末と算用とを旨とし、着実・実直に家格を守り、長者筆頭としての地位と名声とを維持して来た鴻池ではあるが、明治維新における鴻池の打撃はおおうべくもなかった。それでも加島屋作兵衛・天王寺屋五兵衛・平野屋五兵衛・炭屋安兵衛等の名家がばたばたと倒れたのに比すると、よくもちこたえたものだと思われる。

保守退嬰の旧町人

ただしこの変革に際し、旧来の名家は皆退嬰(たいえい)的となり、新しいことに手を出さず、守成の態勢をとっていた。旧来の商人は新しい教育や知識を軽んじ勝ちであった。

蓬萊社への出資

それでもまだ明治初年における鴻池家の名声は高く、何事でも筆頭であり、指導的な地位を保つことが出来た。例えば先にのべた蓬萊社などにも出資している。これは大阪における民間最初の近代工業であった。

百武安兵衛

洋法楮製会社

大坂十人両替の一人平野屋五兵衛の一族百武(ももたけ)安兵衛は、明治三年伊藤博文に従って渡米、製紙機械を注文し、帰朝後実業家十人の出資をもって洋法楮製会社を起したが、機械未着の

銀舗

ため英国アンフェルストン会社よりこの機械を購入した。やがて百武は資金に窮し、その機械を後藤象二郎が製糖の目的で起した蓬萊社に譲渡した。蓬萊社は中之島玉江町旧熊本藩邸敷地の払下げをうけて工場を建て、明治八年二月操業を開始した。資金は大阪府に多く負うたが、もともとこの蓬萊社は、後藤象二郎が内外通商上の利益をはかる目的で、明治三年に大阪の富豪鴻池善右衛門・高木久三郎・島田八郎右衛門等を中心とし、蜂須賀・上杉等華族の出資を得て設立した一種の商事会社だったのである。これは東京木挽町に本店を持ち、各家の出資によって商業を営んでいたもので、大阪・広島・三瀦（福岡県三瀦郡）にも店があった。資本を集めて銀舗の業をなし、諸製作及びその他各種の事業をも営んだ。銀舗を基にして官省・府県の用達を始め、為替・両替・貸附金・預金・危険請合等を業としていた。鴻池は大阪において和田久左衛門・長田作兵衛・高木五兵衛・石崎喜兵衛らとともに明治五年に出資し、大阪店の有力者であったが、百武の製紙機械引きつぎのことがあった後の明治八年六月四日に蓬萊社を退社している。

蓬萊社を退社

百武の機械を購入してからは、製紙業をなしたが成績上らず、九年四月には工場主任であった真島襄一郎に委せて、大阪紙砂糖製造会社と改称せられた（のち真島製紙所より中之島製紙株式会社となる）。十代幸富がこの蓬萊社や六海社・阪栄社を主宰したことは、当時鴻池の資本力がなお指導的な力をもっていたことを物語る。また明治十六年六月開業の大阪倉庫会社は、鴻池善次郎・辻忠右衛門・草間貞太郎・外山脩造・松本重太郎・熊谷辰太郎・金沢仁兵衛等が発起人になっている。善次郎は後の十一代、辻忠右衛門は長崎貿易の五軒問屋、草間貞太郎も鴻池の別家、旧来の町人資本が新企業に発動した一例である。

旧来の商人資本と倉庫会社

大阪の築港の必要は早くより考えられ、大阪府権知事渡辺昇の主宰で明治五年四月築港義社なるものが組織され、その後も建野郷三・西村捨三等によって企画されたが、明治二十三年、市の有志者布井弥助・法橋善作・朝田喜三郎・小泉清

大阪の築港

築港義社

右衛門等が相謀(はか)って大阪築港研究会を組織し、市の名望家に説き公開演説を催し、二十五年四月二十二日には、会員鴻池善右衛門以下四百余名の連署をもって大阪市参事会に建議書を提出した。

大阪築港研究会

海防献金

これより先、明治二十年海防費献金のことがあった際における鴻池の献金は五万円で、他に五万円は住友吉左衛門と藤田伝三郎のみで、あとは下って皆一万円以下である。日本生命保険会社の創立にも鴻池は関係し、明治二十二年九月には十一代善右衛門幸方はその社長になっているが、こうした方面にも活躍していたことが判る。

このように鴻池家は各方面に手を出しているが、そのいずれにおいても長つづきはしないのである。

その表面の盛大さにも拘らず、既に屋台骨はぐらついており、明治十年代において衰運はしばしばあらわれていたのであった。しかも十代幸富は風流に身をま

平瀬露香
建野郷三

かせ、有名な粋人平瀬露香と交遊し、俳句をもって日を送っていた。このような状態を内輪では内々憂慮していたが、あたかも烱眼なる大阪府の名知事建野郷三は、この内情を洞察して、改革案を提出した。いま鴻池家において一番にほしいものは人材であり、指導者である。この難局を切りぬけるための人材としてここに土居通夫を推薦した。

土居通夫は天保八年四月二十一日伊予宇和島の藩士大塚南平の六男として、宇和島地元結掛町に生れた。明治五年六月改名して土居通夫と改めた。号は無腸。維新に際し脱藩して大阪に出で、志士と共に国事に奔走し、維新後司法の要職を歴任し、明治十五年大阪控訴裁判所詰判事となったが、明治十七年四月官を退いて実業界に入ったものである。

土居通夫顧問となる

土居通夫が鴻池の顧問になったのは明治十七年のことであって、これ以前より交渉があったらしい。これによって苦悩の鴻池は一息つくことが出来た。複雑なる鴻池の家政には種々の事情因習が纒綿し、心を労することも多かったが、土居通夫無腸は平瀬貞瑛・木原安人・広瀬保水の同好者を集め、鴻池炉酔(十代幸富)を加えて浪花俳壇の勃興をもはかったようである。土居は鴻池の顧問として東奔西走、大いに画策するところがあり、あるいは鴻池の憲法を制定して、明治二十二年四月には鴻池家より金杯一対を贈られている。

しかも他方において土居通夫は、明治二十年大阪電灯会社の創立に参加し、二十一年以来同社の社長となった。二十六年には日本生命保険会社取締役に選挙せられ、大正元年十月には京阪電気鉄道株式会社の社長に就任し、また公務にあっては、明治二十七年衆議院議員に当選、また二十六年大阪商業会議所会員に当選し、二十八年会頭となり、重任十二回、実に二十二年の長年月会頭であった。土居通夫が鴻池の再建のために貢献したことは蓋し少くはなかったであろうが、それにもまして彼の財界における活動は、鴻池を背景としていたのである。鴻池を真に内よりもり立て、盛大にしたとはいいがたいと思う。要するに彼は鴻池の老分・別家の制にはあたりさわりのない態度をとった消極的な相談役だった。そして老分の経営にまつ鴻池には、なお近代化し得ないものが多くあったと思われる。これは三井や住友等の他の財閥と比する時、実に対照的である。

三井の大番頭
三野村利左衛門

幕末維新に際し活躍した三井の人物は、主人側に第八代高福(たかよし)があり、その子高朗(たかあき)がいたが、番頭側に三野村(みのむら)利左衛門がいたことを忘れてはならぬ。寧ろ三井の場合は番頭が前面に立ちあらわれていた。三野村が奇略縦横に活躍し、主人は奥におさまっていたのである。

三野村は小栗上野介(忠順)との懇親関係によって幕府より莫大なる御用金がかかるのを三井のために免除させ、三井の大困難を救ったが、やがて大政奉還となるや、三井はその旗幟(きし)を鮮明にして、官軍側について新政府に奉公し、新政府の御用達の筆頭となった。三井近代化のためになした彼の役割は実に大きいといわね

益田孝と中上川彦次郎

ばならぬ。またついで益田孝が大番頭として活躍し、更に中上川彦次郎によって三井は再生・発展している。これより三井には新教育をうけた人材が雲の如くに集っている。

住友と広瀬宰平

住友については広瀬宰平なる大番頭が幕末明治維新時に出ているが、この人は三井の三野村利左衛門に相当している。住友のために才略を振った。それぞれに政商的要素を持ちつつ、三井も住友も、時勢の赴く所を洞察して成長した。広瀬のあとには伊庭貞剛が出で、そのあとにも人材はたえなかった。

三井家の経営には以上の如く三野村利左衛門のあと、益田孝・中上川彦次郎・団琢磨・池田成彬が出ているが、それらは皆武士出身であって、士魂商才を発揮しているのも注目すべきである。

ところが鴻池の場合、このような人材に恵まれず、保守退嬰の経営をつづけざるを得なかったのである。

その後においても、主人に代って資産の運用、家業の経営に当る鴻池手代の老分の中には、時勢に伴う人物なく、ために家運はますます衰微に傾いた。明治三十二年の頃、十一代鴻池幸方の岳父三井高保（たかやす）はこれを深く憂え、家運挽回の大任に当るべき人物をもとめ、当時財界の大御所ともいうべき井上馨に斡旋を請うた。

井上馨

島村久

井上は全権公使島村久を推し、三十二年十二月、島村は鴻池銀行理事に就任した。ここにおいて従来の老分制度は廃せられ、島村理事は改革の斧鉞（ふえつ）を揮（ふる）った。

和泉銀行の合併

そして三十三年十二月和泉銀行を合併し、資本金二百万円の合名会社鴻池銀行に改めたことは前に記した通りである。

原田二郎

次いで原田二郎が注目せられた。鴻池銀行の東京支店の支配人芦田順三郎が彼の義弟であった関係もあり、原田は遂に東京支店監督となり、三十四年二月改めて東京支店監事となり、次いで八月、鴻池銀行本店相談役兼東京支店監事となった。

本店相談役

鴻池銀行は明治十年の創立以来数回の失敗を重ね、その都度欠損金を累加し、殆んど資本金以上に超越した回収の困難なる丙

不良貸金

号貸出金二百三十万円余を算するに至り、その利益配当は僅か年三分乃至四分に止まるに至った。銀行積立金の如きも有名無実となり、俗に帳面分限の宿弊におちいっていた。

帳面分限

そこで井上は大阪に下り、鴻池家瓦屋橋別邸に本分家及び幹部を集めて整理の大綱を定めようとし、原田二郎を明治三十五年十二月三十日に理事とし、銀行と鴻池本分家の整理を担当させた。

原田二郎理事となる

当時は大阪財界には百三十銀行の松本重太郎、四十二銀行の田中市兵衛、三十四銀行の岡橋治助、三十二銀行並びに大阪貯蓄銀行の外山脩造があり、藤田伝三郎が長老としておる時代で、ここに原田二郎が彗星の如くあらわれたのである。

原田二郎専務理事となる

原田二郎は三十六年一月には大阪倉庫株式会社の副社長となり、社長としての鴻池善右衛門を扶けた。四十年一月十七日、監督井上馨の指名により原田二郎が専務理事となり、島村理事は調査部、蘆田理事は営業部を担任した。

大正六年神戸・兵庫の支店・出張所を他にゆずり、七年には金沢支店をやめ、冗費を節減し、六年十一月には大阪倉庫株式会社を合併という名の下に東神倉庫株式会社に譲り渡した。倉庫業の利害を懸念したためである。また大正八年十一月九日、鴻池銀行を合名より株式組織に改めることにし、これを機会に原田二郎は引退した。

東神倉庫株式会社

鴻池銀行株式組織となる

原田氏が理事になってより十七年、その整理によって銀行も倉庫も多額の純益を得、連家鴻池新十郎の資産は明治三十三年におけるそれと比較すると六倍に増加し、本家鴻池善右衛門家の資産は三十九年末整理当時におけるそれと比較すると同率の増加を現わしている。三十五年末整理着手当時における鴻池家の銀行出資金即ち純資産は、多年の欠損及び回収の見込なき貸出金のために殆んど有名無実の姿となっていたものが、回収され、利殖され、蓄積されて、大正八年には実に一千五百有余万円の巨額に達した。これは多数社員の苦心努力の結果ではあるが、原田の功にも帰し得ると思う。しかし原田二郎は一家の見識を持つ人物であり、偉材ではあったが、根本的には企業家・実業家ではなく、典型的な利貸資本家であり、やがて大阪倉庫も手ばなし、事業よりも利殖を重んじ、現金を握ることにつとめた。銀行でも積極的に預金をとらず、取引先をなくし、鴻池家の家産をまもることにひたすら全力を費したのである。男爵を鴻池家のために得させ、公債その他による世襲財産の確保に努力した。事業を生命とし、銀行業をさえ嫌った広瀬宰平の場合と対照的である。石橋を叩いてわたる堅実主義は、一方においては人と和さない独善封鎖性に通じ、鴻池を次第に名家・旧家としてのみ固着せしめ、近代的資本家には育てなかった。なお別に鴻池には林業界よりはいった江崎政忠がいたが、これは原田二郎とは対立し、一時は退いたが、後また鴻池理事として活躍した。しかしこの人物も、鴻池家の社会的名声を背景に自らの社会的活動の地歩を築いたとのそしりさえあり、真に企業家としての鴻池を育てたとはいいがたい。住友の広瀬、三井の三野村がその内部より主家の企業を育成し、

江崎政忠

その成長発展を自己の天命としたのとは比すべくもない。要するに鴻池家の明治以後の運命は、概して蹌踉（そうろう）としており、近代的資本家への転化に落伍したといわざるを得ない。旧態依然たる利貸資本が時勢に順応し得ず、次第に衰運に向った姿は惜しみてもあまりあるが、しかも幾多の江戸時代の巨商・旧家が、維新後相次いで消失したのに比すれば、今もなお着実に家柄を守っていられる所は慶賀すべきである。

あとがき

本書執筆に際し、鴻池相談役平井鋭夫氏・横山昌輔氏及び合名会社支配人樋口竜太郎氏の御厚意を忝けなくし、鴻池事務所（大阪市東区北浜二丁目）及び新田会所御架蔵の尨大な史料を再三再四拝見・利用させていただいた。厚く御礼申上げる次第である。同家の史料については、かつて庶民史料調査委員の一人として京大堀江保蔵氏らと共に調査したこともあり、今回は阪大助教授作道洋太郎氏及び安岡重明氏等と共に調査にこれつとめたが、その超尨大なる史料をあまねく克明に調査利用することは、短日月では到底不可能であった。幸いに同家ではかつて粟野秀穂氏・高梨光司氏によって一応の整理をとげられており、カードもよくとられているので、それを有効に利用させていただいた。とりわけ高梨光司氏が同家のために執筆された未定稿の写本『鴻池家史稿上』に拠る所が大であった。要するに先に私が拙著『大阪町人』中に収めた『鴻池新六と善右衛門』の原稿と、前記『鴻池家史稿上』を中心にして、それに各書・各資料をもって肉づけをする方法をとった。高梨氏には万謝する外はないが、鴻池家・平井氏らからもなるべくこれに拠ってほしいとの御希望もあったので、説の分れる所や疑問が出た場合はなるべくこれに従う方針をとった。その他利用した史料・参考書を巻末に一括して掲示しておこう。

なお本書は私一人の調査研究によるものであるが、われわれ同人の立ち入れる研究成果はいま進行中である。本書を出発点として、やがてわれわれ同人の鴻池家に関する共同研究の成果は結実するであろう。

鴻池家略年表

年次	歴代 新六	歴代 正成	事蹟
元亀元（一五七〇）			始祖新六（幸元）生る（一二月）
天正六（一五七八）	9		備中甲部郡阿井の渡にて山中鹿之助幸盛、河村新左衛門に討たる（七月一七日） 新六逃れて摂津河辺郡伊丹の鴻池村に至り住す（時に九歳）
七（一五七九）	10		大叔父山中信直卒す（五月一六日）
一二（一五八四）	15		新六元服（一五歳）。幸元と称す。武芸に秀で建築の技倆あり
文禄元（一五九二）	23		新六約二斗の酒樽二個を一荷として江戸に下し売捌く
慶長三（一五九八）	29		新六四斗入の酒樽二個を一駄として江戸送りを始む
五（一六〇〇）	31		新六初めて清酒の醸造に成功すと伝う
一三（一六〇八）	39		初代正成生る
一九（一六一四）	45	7	新六『子孫制詞条目』を定むと伝う（一〇月一〇日）
元和元（一六一五）	46	8	新六の二男善兵衛秀成大坂にて醸造を始む
三（一六一七）	48	10	新六の三男又右衛門之政醸造を始む
五（一六一九）	50	12	新六大坂内久宝寺町に店舗を設け、醸造業を営む○堺の船問屋江戸輸送を始む

		新六	正成	之宗	
元和	七(一六二一)	52	14		善兵衛秀成、大坂和泉町に一戸を設けて醸造を営む
寛永	元(一六二四)	55	17		泉屋平右衛門江戸廻船問屋を始む（菱垣廻船の起り）○香西哲雲九条島を開く
	二(一六二五)	56	18		鴻池の大名貸この年に始まると伝う○正成九条島にて海運業を創む。この後西国大名参覲交代の運輸事務を鴻池に託するに至る
	一四(一六三七)	68	30		鴻池の大名貸この年に始まるとの異説あり
	二〇(一六四三)	74	36		善兵衛秀成江戸に客死○二代喜右衛門之宗生る
正保	三(一六四六)	77	39	4	新六の室花卒去（二月一二日）
慶安	三(一六五〇)	81	43	8	鴻池村の旧宅は七男新右衛門これをつぎ、内久宝寺町の店舗は八男善右衛門相続す○新六幸元歿（一二月五日）
明暦	元(一六五五)		48	13	山中道億大坂に生る（一二月六日）。父は秀重、通称津右衛門
	二(一六五六)		49	14	両替屋を始む
万治	元(一六五八)		51	16	伝法の佃屋江戸廻船を始む（樽廻船の起り）
寛文	元(一六六一)		54	19	鴻池又右衛門高津に顕孝庵を建つ
	二(一六六二)		55	20	大坂東町奉行石丸定次小判買入の公用を天王寺屋五兵衛外二名に命ず○鴻池も一〇人両替中に列すとの説あり
	三(一六六三)		56	21	喜右衛門之宗家督を相続す
	五(一六六五)		58	23	内久宝寺町の西隣を深江屋惣兵衛より、同町北西角を升屋源兵衛より買得す（四

年号	年	年齢			事項
					月）
寛文	七（一六六七）	60	25	宗利	三代宗利生る
	八（一六六八）	61	26	2	内久宝寺町南側を樽屋弥兵衛より買得す
	九（一六六九）	62	27	3	五郎兵衛（正成の子）死去
	一〇（一六七〇）	63	28	4	鴻池善右衛門十人両替中に見ゆ
延宝	二（一六七四）	67	32	8	今橋二丁目浪花橋角にて表口九間裏行二〇間を大和屋律子より買得す（六月二八日）○本地よりこの地に移り両替屋開店
	四（一六七六）	69	34	10	この頃より岡山藩の江戸廻漕米を請負う
	六（一六七八）	71	36	12	今橋新宅の西隣に宅地を買入れ増築す（四月）
	七（一六七九）	72	37	13	之宗・宗利、愛宕権現に燈籠を寄進す
貞享	元（一六八四）	76	42	18	正成の妻種死去。行年六五歳（正月一三日）
	二（一六八五）	78	43	19	今橋邸西隣の宅地を更に買入れ増築す（一二月）
元禄	元（一六八八）	81	46	22	内久宝寺町北側の家屋敷を河内屋吉右衛門より買得す 当時鴻池の取引せし諸大名三二藩に及ぶ
	二（一六八九）	82	47	23	之宗広島藩の掛屋となる（三月）○京町堀四丁目海部堀に屋敷を買得す
	六（一六九三）	86	51	27	正成歿す（正月二六日）
	七（一六九四）		52	28	豊前中津藩主小笠原家々臣よりの神文手形あり（五月）○十組問屋組織さる
	九（一六九六）		54	30	之宗病歿（五月二日）

年			事項
元禄一〇（一六九七）	31利宗		天満九丁目・一〇丁目に屋敷買得○市岡与左衛門市岡新田を開く
一一（一六九八）	32		善次郎（四代宗貞）生る
一二（一六九九）	33	2貞宗	中之島常安裏町に屋敷買得
一四（一七〇一）	35	4	宗利高知藩に出入して蔵米新知二百石を扶持せらる（一一月）
一五（一七〇二）	36	5	尼崎新田完成す
一六（一七〇三）	37	6	内久宝寺町の西隣の地を鴻池彦七より買得す○浪花橋筋東南角の地を買得す
宝永元（一七〇四）	38	7	大和川切換○之宗の室長卒す。行年五八歳（九月一七日）○平野町一丁目の屋敷を川崎屋源兵衛より買得す○宗利初めて広島藩の掛屋となる
二（一七〇五）	39	8	三代宗利鴻池新田開発に着手す（四月）○鴻池新田会所設立（八月）○鴻池新田に東西村出来（九月）○鴻池新田内に神宮勧請（九月）
三（一七〇六）	40	9	江州多賀大社に鴻池より石燈籠一基を寄進（三月）○宗利生玉社に石燈籠二基を寄進
四（一七〇七）	41	10	鴻池新田竣工（六月）○鴻池新田に移住し来るもの一二一戸、男女七五七名、その他入作三六〇戸（六月）
五（一七〇八）	42	11	鴻池新田検地、水帳下附、反別一二〇町一反六歩（八月）
六（一七〇九）	43	12	宗利広島藩の蔵元として合力米三百銀を賜う（一二月）
正徳二（一七一二）	46	15	鴻池新田隣接五カ村の庄屋申合せ、再検地を出訴す（一一月）

年号	年（西暦）					事項
享保	元（一七一六）	50	19			宗利『家訓』の制定に着手（四月）
	二（一七一七）	51	20	宗益		宗貞の長男喜三郎（五代目善右衛門宗益）生る
	三（一七一八）	52	21	2		浪花橋筋より西の屋敷を天王寺屋作兵衞より買得す
	四（一七一九）	53	22	3		鴻池新田の再検地実施（五月）○宗貞室隆死去（二一歳）
	七（一七二二）	56	25	6		この頃岡山藩の江戸廻漕米は鴻池船と御国船と半々なり
	八（一七二三）	57	26	7		米屋（殿村）平右衞門江戸為替を始む
	九（一七二四）	58	27	8		妙知焼にて大坂三郷の三分の二焼亡（三月）○瓦屋町天神橋筋東側の地を買得す（九月）
	一五（一七三〇）	64	33	14		四代宗貞（宗羽）、家業を宗益にゆずる
	一六（一七三一）	65	34	15		鴻池一統にて買米令に応じたるもの一三名。鴻善筆頭たり
	一七（一七三二）	66	35	16		宗利『家訓』を完成す
元文	元（一七三六）	70	39	20		宗利死去（七月一二日）○山中道億八二歳を以て卒去（九月）
	三（一七三八）		41	22		鴻池新田内の神宮へ常燈明料寄進
延享	元（一七四四）		47	28	幸行	六代幸行（宗益の弟）生る（一月）○四代宗貞剃髪（九月）
	二（一七四五）		48	29	2	宗貞（宗羽）歿（一〇月二三日）
寛延	二（一七四八）			32	5	辰巳屋久右衛門市岡新田を入手す
	四（一七五一）			35	8	宗利の室千代八三歳にて歿
宝暦	三（一七五三）			37	10	草間伊助直方生る（九月）

年	宗益	幸行	幸栄	幸澄	幸実	事項
宝暦 四(一七五四)	38	11				鴻池又四郎六三歳にて歿（二月六日）
一一(一七六一)	45	18				米価引上のための御用金に鴻池五万両を出す
一二(一七六二)	46	19				草間直方一〇歳にて鴻池家に仕う
明和 元(一七六四)	48	21				宗益歿す（三月二六日）
四(一七六八)		24				幸栄生る
天明 五(一七八五)		42	19			幸澄生る
寛政 七(一七九五)		52	28	11		六代幸行歿す（七月一四日）
文化 元(一八〇四)			38	20		幸栄歿す（七月二五日）
二(一八〇五)				21		諸藩への貸金利下げ又は無利息年賦に引直しの交渉を受くること多し
三(一八〇六)				22		善右衛門幸実生る
五(一八〇八)				24	3	草間伊助勤務の傍ら自ら新たに家業を営むことを許さる
七(一八一〇)				26	5	鴻池三家にて五万九千二百両を引受く
九(一八一二)				28	7	鴻池新田の抱百姓は四四軒
一〇(一八一三)				29	8	鴻池、銀二千六百三十貫二百匁を上納す
一二(一八一五)				31	10	草間直方の『三貨図彙』脱稿
天保 二(一八三一)				47	26	草間直方歿。七九歳（二月二五日）○幕府、勢田川・宇治川・淀川の浚渫を命す。大坂町人連出銀、鴻池家は千三百両を出す

年号	年	年齢	事項
天保	四（一八三三）	49 28	鴻池善右衛門外数名連合して救恤基金として銀千貫目余を出す
	五（一八三四）	50 29	幸澄歿す（八月四日）○諸民困窮。鴻池は多量の米と銭二千七百貫を施す
	七（一八三六）	31	米価高騰、細民困窮甚し。鴻池、銭千八百貫文を施す
	八（一八三七）	32	大塩の乱にて鴻池家全焼す（二月）
	一二（一八四一）	36 幸富	一〇代幸富、山中又七郎の長男として生る（八月二日）
	一四（一八四三）	38 3	幕府、大坂・堺・兵庫の町人に用金令を出す。鴻池の納入銀高六千三百六十貫目（七月）
弘化	三（一八四六）	41 6	一〇代幸富本家に入り、九代幸実の養子となる（九月）
嘉永	三（一八五〇）	45 10	鴻池、銭千貫文を施す
	四（一八五一）	46 11	幸実歿す（六月二〇日）○一〇代幸富の室たね生る（七月二三日）
安政	元（一八五四）	14	芦田順三郎老齢の子として大坂に生る○国防費献金令あり。鴻池の出財は天保献金の半額
万延	元（一八六〇）	20	用金令あり。大坂町人千貫以上納入せるもの一三名。鴻池の出財は銀五千二百貫目（正月一七日）
文久	三（一八六三）	23	新選組の芹沢鴨、大坂に来る（四月）○天王寺屋五兵衛より入嫁せる一〇代幸富の妻死去（一一月）
元治	元（一八六四）	24	軍資金徴発令あり。鴻池の出財銀千二百貫目
慶応	元（一八六五）	幸方 25	一一代幸方生る（五月二五日）

年	幸富	幸方	事項
慶応 二(一八六六)	26	2	鴻善、紀州家五ヵ国通用銀札の引替方となる
三(一八六七)	27	3	商社御用の命下り、鴻善肝煎の筆頭となる（六月）
明治 元(一八六八)	28	4	三岡八郎来坂し鴻善以下一五名の豪商をその宿に召す（二月一三日）○会計基立金を富豪に命ず。鴻池は会計御用掛として盡力す○御東征に随行して金銭出納の御用を承る。
二(一八六九)	29	5	一一代幸方の妻みち生る（一月二四日）○九万両の御用金令をうけ、三万両即納○善右衛門、金札引替事務に従事す
三(一八七〇)	30	6	広岡・長田（作兵衛）と共に貿易商社盡力組を結ぶ（三月）○一種の商事会社蓬莱社を始む○百武安兵衛、洋法楮製会社を興す○為替一番組大阪屋市太郎なる両替屋を設立す
四(一八七一)	31	7	廃藩置県。鴻池は当時七十六藩に取引あり、損害莫大○一〇代幸富の二男新十郎生る（二月一〇日）○山広屋長平なる商店設立（二月）
五(一八七二)	32	8	阪栄社を組織す
六(一八七三)	33	9	三井家と組合にて堂島両替店を興す
八(一八七五)	35	11	蓬莱社製紙の操業を始む（二月）○蓬莱社を退社す（六月四日）
一〇(一八七七)	37	13	第十三国立銀行設立、資本金二十五万円（五月一五日）○第一三国立銀行本店開業（五月二一日）

年次				事項
明治一一（一八七八）	38	14		第十三国立銀行を資本金五十万円となす（二月一六日）
一二（一八七九）	39	15		第十三国立銀行京都に支店開業（三月二六日）
一五（一八八二）	42	18		第十三国立銀行東京支店を日本橋区南茅場町に移転す（二月一日）
一六（一八八三）	43	19	幸昌	大阪倉庫会社を創立し、鴻池善次郎社長となる（五月）○庶子万蔵生る。のちの一二代幸昌（一一月二日）
一七（一八八四）	44	20	2	一一代善右衛門幸方家督相続（一月）○土居通夫鴻池家顧問となる（四月）○明治六年皇居炎上の際の献金を嘉し銀盃を賜う（一一月）
二〇（一八八七）	47	23	5	海防費として五万円献金○一〇代善右衛門（幸富）は喜右衛門と改名（七月）
二一（一八八八）	48	24	6	海防費献金のことにより従五位に叙せらる
二二（一八八九）	49	25	7	日本生命保険会社創立、社長となる（九月）
二五（一八九二）	52	28	10	大阪築港研究会より鴻池始め四百名連署、大阪市参事会に築港の建議をなす（四月）
三〇（一八九七）	57	33	15	個人経営の鴻池銀行設立、資本金五十万円。第十三国立銀行を継承（三月一日）○第十三国立銀行満期平穏閉店（五月一四日）
三二（一八九九）	59	35	17	鴻池銀行資本金百万円となる（八月）○鴻池の老分制度廃さる（一二月）○島村久を鴻池銀行の理事に迎う（一二月）○芦田順三郎本店支配人となる
三三（一九〇〇）	60	36	18	鴻池銀行神戸支店を開く（八月一五日）○鴻池銀行中之島・上町・西の三支店を開く（八月一五日）○分家経営の和泉町銀行を合併、資本金二百万円の合名会社

年	幸富	幸方	幸昌	正通	事項
					鴻池銀行となす（一二月一日）
明治三四（一九〇一）	61	37	19		原田二郎東京支店監事となる（二月）○鴻池銀行名古屋支店開業（四月二〇日）○鴻池銀行金沢支店を設く（五月一日）○鴻池銀行岡山支店を開く（五月一五日）○原田二郎鴻池銀行大阪本店の相談役となる（八月）
三五（一九〇二）	62	38	20		井上馨鴻池本分家及び銀行の監督となる○大阪倉庫会社を買収す（一二月）○原田二郎鴻池本分家家政副監督となる（一二月）○原田二郎鴻池銀行の理事となる（一二月三〇日）
三六（一九〇三）	63	39	21		原田二郎大阪倉庫株式会社の副社長となる（一月一五日）
三八（一九〇五）	65	41	23		鴻池銀行名古屋支店を廃す（七月二二日）
三九（一九〇六）	66	42	24		鴻池銀行京都支店移転（一一月五日）
四〇（一九〇七）	67	43	25		井上馨の指名にて原田二郎鴻池銀行専務理事となる（一月一七日）○合名会社鴻池銀行の資本金を三百万円となす（一月二五日）○男爵を授けらる（八月）
大正三（一九一四）	74	50	32		一三代善右衛門正通生る（一月一二日）
四（一九一五）	75	51	33	2	原田二郎鴻池監督となる（九月）
六（一九一七）	77	53	35	4	大阪倉庫株式会社を東神倉庫株式会社に合併す（一一月）
八（一九一九）	79	55	37	6	原田二郎鴻池より引退（八月二〇日）○資本金七百万円の株式会社鴻池銀行を興す（九月）○合名会社を合併し、資本金一千万円の株式会社鴻池銀行となす（一二月）

年					事項
大正 九(一九二〇)	80	56	38	7	一〇代幸富歿す（六月一六日）
一〇(一九二一)		57	39	8	鴻池合名会社を設立す（四月）
一一(一九二二)		58	40	9	芦田順三郎歿す。七〇歳（七月）
昭和 元(一九二六)		62	44	13	善右衛門摂津信託株式会社取締役社長となる（六月一八日）○摂津信託株式会社を資本金二千万円の鴻池信託株式会社と改称す（一〇月一一日）
四(一九二九)		65	47	16	鴻池新十郎歿。年五九歳（一〇月）
六(一九三一)		67	49	18	一一代善右衛門幸方歿（三月一八日）○幸昌善右衛門襲名・襲爵（四月一五日）
八(一九三三)			51	20	鴻池・三十四・山口の三銀行合併して三和銀行設立（一二月九日）
一一(一九三六)			54	23	鴻池新田の一部にて住宅経営に着手す（九月）
一五(一九四〇)			58	27	鴻池・共同・関西の三信託合併して三和信託株式会社を設立するに決す（一二月二八日）
一六(一九四一)			59	28	三和信託株式会社創立せられ、善右衛門取締役となる（三月三一日）
二九(一九五四)			72	41	一二代善右衛門幸昌死去（一月一六日）○一三代善右衛門正通家督相続

参考文献一覧

一、論考

近藤　二郎『鴻池新田の研究』（農業と経済第二巻一二号）

中井　信彦『商人地主の諸問題』（明治維新と地主制　所収）

池浦　正春『町人請負新田の構造に関する歴史地理学的考察――河州鴻池新田の場合――』（人文地理第六巻一号）

池浦　正春『河内国鴻池新田』（地理学評論第二九巻七号）

松好　貞夫『鴻池新田の再検地』（経済史研究第四九号）

江崎　政忠『鴻池道億と茶道』（大大阪を培うた人々　所収）

江崎　政忠『鴻池家のことども』（上方第一四号）

江崎　政忠『明治初年に於ける鴻池家の勤王』（上方第八五号）

江崎　政忠『鴻池家の婚姻記録』（上方第九六号）

船越　生『鴻池新田と文豪西鶴の「大下馬」』（難波津一〇）

船越　生『鴻池新田の旧正月』（難波津　一）

有賀喜左衛門『鴻池家の家憲』（封建制と資本制　所収）
宮本　又次『鴻池の家屋敷について』（大阪大学経済学第八巻一号）
宮本　又次『鴻池新六』（上方第三五号）
宮本　又次『鴻池新六と善右衛門』（大阪町人　所収）
小野　武夫『深野新田永小作』（永小作に関する調査　其一）
本庄栄治郎『明治初年の御用金』（史的研究、日本の経済と思想　所収）
原田　邦彦『近世初頭の門閥的町人』（経済学年報第三集）
黒羽兵治郎『大阪の両替商瞥見』（経済史研究第三巻二号）
関山直太郎『十人両替考』（日本貨幣金融史研究　所収）

二、著書

富永　祐治『交通における資本主義の発展』（昭和二八年、岩波書店）
宮本　又次『大阪』（昭和三二年、至文堂）
宮本　又次『大阪町人』（昭和三二年、弘文堂）
宮本　又次『大阪商人』（昭和三三年、弘文堂）
宮本　又次『近世商人意識の研究』（昭和一六年、有斐閣）

松好　貞夫『日本両替金融史論』（昭和七年、文芸春秋社）
幸田　成友『日本経済史研究』（昭和三年、大岡山書店）
菅野和太郎『大阪経済史研究』（昭和一〇年、甲文堂）
飯淵敬太郎『日本信用体系前史』（昭和二三年、学生書房）
井上　俊夫『淀　川』（昭和三二年、三一書房）
大阪府農地部農地課『大阪府農地改革史』（昭和二七年）
花見　朔巳『綜合日本史大系　第八巻』（昭和四年、内外書籍株式会社）
『大阪市史』第一・二・五巻（明治四四―大正四年、大阪市参事会編）
『岡山市史』（一冊本）（大正七年、岡山市役所編）
『岡山市史』第四（六冊本の中）（昭和一三年、岡山市役所編）
『東区史』人物篇・経済篇（昭和一四―一五年、東区会編）
『原田二郎伝』上巻（昭和一二年、原田積善会編）
『土居道夫君伝』（大正一三年、半井冽編）

三、史料

草間直方編『鴻池新田開発事略』（写本）

鴻池家編　『鴻池年表』
高梨光司編　『鴻池家史稿』上（筆写本）
『籠耳集』（浪速叢書　第一一巻）
『鉄屋記録』（大阪府立図書館蔵）
『大阪商業史資料』（大阪商工会議所蔵）
雑誌『商業資料』各号
『浪花の風』（温知叢書　第七篇）
『難波丸綱目』（木版本）
三井　高房　『町人考見録』（日本経済叢書　巻一五）
『浪華百事談』（新燕石十種の内）
『摂陽落穂集』（新燕石十種の内）

以上のほか、本書は主として鴻池北浜事務所及び新田会所架蔵の古文書によった。なお新田関係の諸文書は鴻池新田会所に架蔵され、各地の検地帳をはじめ、下作に関するものは尨大な量に上る。また『算用帳』『掛合之控』と題する大名貸に関するものは、各年度に及びおびただしいものがある。

著者略歴

明治四十年生れ
昭和六年京都帝国大学経済学部卒業
彦根高等商業学校教授、九州帝国大学教授、大阪大学教授、同附属図書館長、同経済学部長、関西学院大学教授等を歴任、経済学博士
平成三年没

主要著書

株仲間の研究　日本近世問屋制の研究(正・続)
関西と関東　小野組の研究(全四巻)　五代友厚伝　宮本又次著作集(全十巻)

人物叢書　新装版

鴻池善右衛門

昭和三十三年九月二十五日　第一版第一刷発行
昭和六十一年七月一日　新装版第一刷発行
平成七年八月二十日　新装版第三刷発行

著者　宮本又次(みやもとまたじ)
編集者　日本歴史学会
代表者　児玉幸多
発行者　吉川圭三

発行所　株式会社吉川弘文館
東京都文京区本郷七丁目二番八号
郵便番号一一三
電話〇三―三八一三―九一五一〈代表〉
振替口座〇〇一〇〇―五―二四四
印刷＝平文社　製本＝ナショナル製本

『人物叢書』(新装版)刊行のことば

人物叢書は、個人が埋没された歴史書が盛行した時代に、「歴史を動かすものは人間である。個人の伝記が明らかにされないで、歴史の叙述は完全であり得ない」という信念のもとに、専門学者に執筆を依頼し、日本歴史学会が編集し、吉川弘文館が刊行した一大伝記集である。

幸いに読書界の支持を得て、百冊刊行の折には菊池寛賞を授けられる栄誉に浴した。

しかし発行以来すでに四半世紀を経過し、長期品切れ本が増加し、読書界の要望にそい得ない状態にもなったので、この際既刊本の体裁を一新して再編成し、定期的に配本できるような方策をとることにした。既刊本は一八四冊であるが、まだ未刊である重要人物の伝記についても鋭意刊行を進める方針であり、その体裁も新形式をとることとした。

こうして刊行当初の精神に思いを致し、人物叢書を蘇らせようとするのが、今回の企図である。大方のご支援を得ることができれば幸せである。

昭和六十年五月

日本歴史学会

代表者　坂本太郎

〈オンデマンド版〉
鴻池善右衛門

人物叢書　新装版

2021年（令和3）10月1日　発行

著　者　宮本又次（みやもとまたじ）

編集者　日本歴史学会
代表者　藤田　覚

発行者　吉川道郎

発行所　株式会社　吉川弘文館
〒113-0033　東京都文京区本郷7丁目2番8号
TEL　03-3813-9151〈代表〉
URL　http://www.yoshikawa-k.co.jp/

印刷・製本　大日本印刷株式会社

宮本又次（1907～1987）

ISBN978-4-642-75046-2